KB050249

아무도 행복하지 않은 나라

《아무도 행복하지 않은 나라》의 1~3부를 위한 대담은 2023년 1월 28일과 2월 5일, 들어가는 글과 나가는 글의 대담은 3월 18일, 총 3회에 걸쳐 이루어졌습니다.

윤석열 정부와 대한민국 1년

김성회·이광수·최종건·한윤형

아무도 행복하지 않은 나라

메디치

차례

들어가는 글

대한민국은 어떻게 망가지고 있는가

사회자 "그래, 정권이 바뀐다고 나라가 망하기야 하겠어." 2022년 5월 10일 이전까지는 그렇게 믿고 싶었습니다. 몇 년 전 문재인 정부가 민주주의를 훼손하고 국가 시스템을 망치고 있다고 생각한 이들은 '한번도 경험해보지 못한 나라'라고 문 정부를 조롱했었는데요, 그 조롱이 얼마나 한가로운 일이었는지 이제 잘 알게 되었습니다.

지금 우리가 살고 있는 나라는 '경험'이 아니라 아예 '한번도 상상조차 해보지 못한 나라'입니다. 무엇보다 이제 대한민국은 법정국가(法廷國家)가 되었습니다. 칼(劍)을 든 선비(士)들이 국가 통치행위 전반을 의문시하고 기어이 기소하는 나라이죠. 그만큼 검사(檢事)공화국, 검찰(檢察)공화국이 되었고, 그래서 이제 뭐든 실행하기 전에 검사에게 검사(檢査)받아야 하는 거 아니냐는 자조적인 말들이 횡행한다 합니다.

그리고 안팎으로 부끄러운 나라가 되었습니다. 실수였다, 송구하다고 하면 될 일을 '바이든'과 '날리면'의 전 국민 듣기 평가를 하게 만드는 나라. 경솔하게 발언한 '이란 주적설'로 없어도 될 외교 갈등을 일부러 만드는 나라. 국익 국익… 하면서 정작 일본과 미국이 요구하는 대로 다 퍼주는 나라. 외국 정보기관이 도감청을 해도 제 국민 탓을 하는 나라. 외국 미디어들이 요승(妖僧)에 이끌리는 나라라고 조롱해도 반박 기사 하나 못내는 나라. 후보 시절 토론회에서 RE100으로 면박 받은 대통령의 심기를 걱정해 기업들이 미래 생존을 위한 RE100 선언을 몰래 하도록 만드는 나라. 노조와 노동자를 우습게 알고, 국민을 바보로 여기는 나라. 끝도 없이 이어질 윤석열 정부 치하 격동의 대한민국 1년사 그리고 남은 4년에 대한 전망을 우이독경, 교언영색, 자가당착이라는 세 가지 키워드를 앞세워 풀어보려 합니다.

먼저《아무도 행복하지 않은 나라》대담집에 참여해주신 세 분 선생님을 소개해드리겠습니다.

최종건 연세대학교 정치외교학과 교수님은 지금은 대학에서 학생들을 가르치고 계시지만 문재인 정부 시절 외교부 제1차관을 지냈고, 그전에는 국가안보실에서 일하셨지요. 문재인 정부와 함께 거의 5년 임기 내내 일하면서 외교·안보 분야의 실무를 담당하셨습니다. 최근 돌아가는 상황을 보면 하실 말씀이 참 많으실 것 같습니다.

경제 부문을 맡아주실 이광수 애널리스트는 실물경제를 들여다보면서 분석 및 예측을 하고 고객들에게 정보를 제공해주시는 분입니다. 요즘 한국경제와 글로벌 경제에 대해 통찰력 있는 이야기를 들려주시리라 기대합니다.

김성회 정치연구소 와이 소장님은 열린민주당 대변인을 지낸 정치인이자 정치평론가입니다. 국회에서 오래 여러 의원과 함께 보좌관으로 일하면서 여의도와 국내 정치 사정을 누구보다도 잘 아는 분이지요. 그런 점에서 정치계 내부를 깊이 들여다본 분만이 알 수 있는 심도 있는 이야기를 들려주시리라 기대합니다.

저는 사회를 맡은 한윤형 작가입니다. 불과 3년 전에 공저로 《추월의 시대》를 썼는데, 얼마 지나지도 않아 고속 역주행 시대가 닥쳐와서 당황하는 중입니다.

《아무도 행복하지 않은 나라》는 방금 소개해드린 세 분께서 각각 외교·안보, 경제 그리고 정치에 대한 발제를 맡아주시고, 그 바탕 위에서 여러 현안에 대해 의견을 나눈 대담집입니다. 윤석열 대통령의 임기가 겨우 1년밖에 되지 않았는데, 아니 바로 그렇기 때문에 더욱 대한민국이 걱정스럽습니다. 지난 1년을 반성적으로 살펴보고, 앞으로 남은 4년을 조망하는 대한민국 걱정토론을 시작해보겠습니다.

한국 대통령실의 해명,
"논의하지 않았다"

사회자 프롤로그는 보통 본론의 시작 전에 풀어가는 이야기인데요, 이번 책은 독특하게 모든 대담을 마치고 난 뒤 시작을 복기하면서 프롤로그 대담을 진행하게 되었습니다. 먼저 지난 3월을 뜨겁게 달구었던 한일 외교 현안을 이야기해보겠습니다. 한일정상회담에서 외교 참사가 발생할 거라는 우려는 사실 선생님들의 본문 대담에서 이미 예견됐던 것입니다만, 문제가 그것보다도 더 심각해진 것 같습니다. 저희가 대담에서 이야기한 내용들이 그대로 현실화되어 한편으로 기분이 착잡했던 게 사실입니다. 틀리길 바라면서 예언을 한 느낌이었달까요. 그래서 다시 한 번 선생님들 의견을 묻게 됐습니다. 한미정상회담도 코앞이기 때문에 우리가 예측해봐야 할 게 많을 거 같습니다. 어째서 이런 일이 생겼을까요? 향후에는 어떤 일들이 생길까요?

김성회 이렇게 되면 박근혜 대통령과 당시 기시다 외무상의 2015년 한일위안부합의는 상대적으로 잘한 것으로 봐야 하는 게 아닌가 하는 생각이 들었을 정도입니다. 일본 정부의 예산을 들여서 재단도 만들고 말이죠. 최 교수님은 박근혜 정부 외교에 대해서는 어떻게 평가하시나요?

최종건 한 반에 학생이 30명쯤 되는데, 한 명은 28등하고, 다른 한 명은 25등한 걸 비교하라는 것과 비슷합니다. (일동 웃음) 저는 이런 생각을 했습니다. '만약에 지금 내가 의전비서관실이나 외교부에 있다면, 이와 똑같은 내용의 회담을 위해 일본에 간다면 회담을 어떻게 기획했을까?' 일단 저 같으면 당일치기로 다녀오자고 했을 거예요. 일본 총리와 친교를 나누는 모습을 지금 보여주는 건 국민들 염장만 지르는 꼴 아닙니까? 그런데 저녁을 두 번이나 먹고, 소폭(소맥 폭탄주)을 마시고, 일본 술을 갖다 놓고 또 말아먹었다고 합니다.

이광수 아버지가 해외 출장을 가면 선물을 사오잖아요. 그런데 오히려 집에 있는 물건을 싸들고 출장을 간 뒤, 집에 돌아올 때는 빈손으로 왔어요. 그리고는 '다 너희들을 위한 거야.'라고 말하면 어느 가족이 이해할 수 있을까요? 물론 한일정상회담의 내용 자체도 큰 문제지만 대통령이 국민들의 감정을 전혀 이해하지 못하고 있다는 생각이 들었습니다.

사회자 2019년 일본 초계기의 근접 저공비행에 대해 한국군이 레이더로 투사했다고 일본이 주장하는 문제에 대해서도, 일본 주장을 약간 시인하는 톤으로 발언을 해버린 게 아닌가 싶던데요.

최종건 일본은 항상 회담을 하고 나서 비공개해야 할 것을 〈교도통신〉이나 〈요미우리신문〉 같은 언론에 슬그머니 흘립니다. 일본은 우리보다 더 심하게 권력과 언론이 유착해 있어요. 〈교도통신〉을 통해서 나오는 건 다 팩트라고 보시면 됩니다.

사회자 사실 안 흘릴 이유도 없죠. 한국 정부를 위해 감춰줄 이유가 뭐가 있겠어요.

김성회 그래서 한국의 대통령실의 해명을 들어보면 전부 '논의하지 않았다.'입니다. '듣지 않았다.'가 아니에요. 기시다가 여러 논점을 말한 건 사실이고, 거기에 대해 윤석열 대통령이 눈을 멀뚱멀뚱 뜨고 대답을 못했겠죠. 그러니 논의하지 않았다라고 말했을 거예요. 답을 하지 않았으니 논의한 건 아니다, 이런 식인 건데 이건 사기 치는 겁니다.

최종건 제가 타임 테이블을 확인해보니 소인수 회담이 20분, 이후 확대 회담이 1시간이 좀 안 되더라고요. 소인수 회담은 보통 20분을 잡는데, 정말 할 얘기가 많으면 30분 정도 잡습니다. 소인수 회담이 길어지면 확대 회담 때는 한 번 서로 문구만 맞춰보고 끝날 수가 있죠. 그런데 소인수 회담이 딱 20분에 끝난 걸 보면, 그냥 '고생했다', '잘하자' 수준의 언급만 나오고 끝났을 수도 있어요.

저도 일본은 잘 지내야 하는 이웃국가이고, 기본적으로 한일관계는 우호적이어야 한다고 생각합니다. 그런데 강제노동 혹은 강제징용공이라 일컬어지는 이 문제에 대통령이 해법을 제시한 건 엄청난 삼권분립 위반입니다. 대법원 전원심판제의 결정을 대통령이 자기 맘대로 뒤집은 거죠. 더구나 윤석열 정부를 통해서 나오는 언어와 문법들의 내용이 과거에 제가 협상했을 때 일본의 발언과 100% 일치합니다. 저는 도쿄올림픽 일주일 전에 도쿄로 가서 일본 인사를 만난 적이 있어요. 워싱턴에선 차관도 만났었거든요.

판문점 남북미정상회담 다음 날 기습공격하듯 규제조치를 내렸던 일본

김성회 그때 교수님은 외교부 차관으로 계실 때였고 맥락상으로는 문재인 정부에서 얼어붙은 한일 관계를 복원하려고 노력을 많이 하던 때였죠?

최종건 그랬죠. 저는 이번 일이 터지고 나니 여러 가지 생각이 들어서 일주일 동안 아무것도 손에 안 잡히더군요. 2019년 6월 29일에 일본 나고야에서 G20 회담을 했는데 그때 호스트가 아베였죠. 호스트 국가는 참가국 정상들과 다 회담을 했는데 우리만 쏙 뺐어요. 그러고 문재인 대통령이 귀국했는데, 그날 오후에 트럼프 미국 대통령이 서울에 와서 다음 날인 6월 30일 한미정상회담을 하고, 오후에 판문점에서 남북미정상회담을 했거든요. 저는 거기 다 배석을 했었죠. 베트남 하노이 회담의 '노딜' 실패 이후에 어떻게든 불씨를 살려보려고 한미가 노력을 하고 있었던 시기였는데, 다음 날인 7월 1일에 3대 제품에 대한 일본 측 수출 규제조치가 팍 치고 들어옵니다.

이광수 예상하지 못했던 일본의 부당한 조치에 기업이나 금융시장에서 많이 놀랐던 기억이 납니다. 당시 한국의 주력산업인 IT 분야의 소부장(소재, 부품, 장비) 부문에서 대일 의존도가 31% 이상으로 높았거든요. 따라서 일본의 수출 규제조치는 한국 경제와 산업에 직접적인 타격이 될 수 있었습니다. 일본이 한국의 약점을 제대로 공격했다고 볼 수 있죠. 반면, 위기의식이 컸던 만큼 문재인 정부의 대응도 빨랐습니다. 즉각적으로 추경예산이 편성되었고 일본 의존도를 낮추기 위해 소부장 특별법 개정, 경쟁력강화위원회 신설 등 신속한 정책을 펼쳤습니다. 적극적인 대책으로 다행스럽게 큰 타격 없이 위기를 극복할 수 있었죠.

최종건 문재인 정부는 그 와중에도 고위층 인사를 일본에 보내 협의를 하려고 했어요. 심지어 문재인 대통령의 광복절 연설 중 한일관계 부분은 미리 떼어서 일본에게 보여주었을 정도입니다. 이 정도로 긍정적인 메시지를 우리가 보냈으니 잘해보자고 한 거죠. 그런데 메시지를 전하기 위해 간 고위인사가 매우 안 좋은 대접을 받고 왔어요. 그래서 8월 22일에 한국이 지소미아를 철회하게 된 거죠. 그 협상 과정에서 일본 측이 한 얘기들을 지금 윤석열 정부가 앵무새처럼 똑같이 하고 있고요.

당시 일본은 '재단을 만들어주면 일본 기업을 넣어주겠다. 하지만 피고 기업들을 넣어줄 수는 없다.'라고 했는데 그 안은 우리가 받아들일 수 없었어요. 왜냐하면 삼권분립의 원칙에 의해 대법원 판결인 피해 기업의 사죄와 사과 후 배상이 있어야 된다는 거였고, 정부가 외교적 사안 때문에 그 결정을 엎을 수는 없었던 거죠. 유족들이 원하는 바도 아니었고요.

2018년의 대법원 판결은 행정부 입장에선 부담스러웠어요. 안 그래도 일본은 2015년의 위안부 합의를 한국이 파기했다고 비판했는데, 부담이 더 커진 겁니다. 그러나 대통령께서 당시 주신 지침은 이랬습니다. 하나는 대법원 판결을 존중해라. '최대한 존중'도 아니고 그냥 '존중'이었죠. 두 번째는 피해자와 유족의 뜻을 거스르면 안 된다. 그리고 세 번째가 한일관계의 기능적 협력은 유지한다는 것이었죠. 이에 대해 일본은 남북미 정상이 판문점에서 악수하고 회담한 다음 날인 7월 1일에 수출 규제조치를 일방적으로 발표하는 반격을 한 것이고요. 8월 2일에 화이트리스트에서 한국을 삭제하는 것까지 하나의 패키지였죠.

그때 저는 평화기획비서관이었습니다. 평화기획비서관의 업무 분장 중 하나가 제재 담당입니다. 국제 제재와 대북 제재를 모니터링 하는 역할인데요. 사실 내용을 들여다보면 일본은 우리보다 대북 제재를 더 못하는 나라입니다. 우리나라는 국가보안법이 있어서 북한 사람을 만나기만 해도 신고를 해야 합니다. 개성공단과 금강산 관광을 끊은 이후엔 인적 교류도 아예 없어요. 그러나 일본의 경우는 재일교포가 있기 때문에 접촉을 원천적으로 금지할 수가 없습니다. 그래서 북한이 필요로 하는 물품은 한국이 아니라 일본을 통해 넘어가는 경우가 훨씬 많습니다. 그 말인즉슨 대량 학살무기 생산에 기여할 수 있는 첨단제품 부품과 소재가 안보 우려국, 즉 북한으로 넘어간단 말이었죠. 그런데도 일본이 우리를 '안보상 신뢰할 수 없는 나라'라고 칭하면서 화이트리스트에서 빼버린 겁니다.

김성회 한국을 통해 북한으로 들어갈 수도 있다고 주장한 거죠?

최종건 갈 수도 있다고 주장한 게 아니라 갔다고 주장한 거죠. 애초 한일 관계는 제 소관이 아니었는데 제재 문제가 되면서 제 소관이 되어버린 겁니다. 그래서 청와대 내부 논의를 거쳐서 지소미아를 중단시킵니다. 1년에 한 번씩 연장해야 하는데, 그 시기가 11월이었어요. 지소미아 합의서를 보니까 연장하지 않으려면 3개월 전에 통보를 해야 하길래, 8월에 연장하지 않겠다는 의사를 밝힌 거죠.

그랬더니 미국에서 항의가 들어왔습니다. 제가 응대해야 했는데 우리에겐 할 말이 있었죠. '일본이 안보상 우려된다며 한국을 화이트리스트에서 제외했다. 그게 걱정된다는 상대에게 어떻게 우리의 민감한 군사 정보를 줄 수 있냐. 이건 모순 아니냐.'고 했습니다. 그리고 '지금 우리가 공급망에 대해서 이런저런 협의를 하고 있는데 반도체 등 최첨단 산업의 공급망을 일본이 지금 교란시키는 거 아니냐, 중국이 웃을 일이다.'라고 했어요. 또 하나는 우리는 민주주의 국가인데 대법원의 판단을 어떻게 거스르냐고 했죠. 이에 대해 미국 인사들은 한마디도 반박을 못했어요. 그런데 일본은 그때 '한국은 약속을 어긴 나라'라고 비난했습니다.

김성회 여기서 약속이라고 하는 것은 1965년 한일협정이 있었음에도 불구하고 대법원이 저렇게 판결을 한 것이 잘못됐다는 거죠? 행정부를 욕했지만 사실은 사법부 판단에 간섭을 하고 싶었던 거로군요.

최종건 네, 그 논리가 이번에 다시 나온 거예요. 기시다 총리가 한국 대통령을 세워놓고 '윤석열 정부의 해법으로 그간 어려웠던 한일 관계가 다시 건전해졌다.'라고 말합니다. 한국 대법원 판결이 불건전했다는 거잖아요. 이게 대체 대한민국 민주주의를 얼마나 우습게 보는 말입니까? '그깟 사법부 판결, 니들은 다 간섭하고 조종할 수 있잖아.'라고 말하고 있는 거죠.

2018년 대법원 판결이 정상이 아니라는 윤석열 대통령의 세계관

김성회 이 문제의 시작에는 윤석열 대통령과 정부의 세계관이 있습니다. 지난번 대법원 판결이 정상적으로 만들어진 판결이 아니라는 거죠. 우리법연구회를 포함한 진보세력들이 주심판사로 있으면서, 문재인 정부가 압박을 넣어서 왜곡된 판결을 이끌어냈다는 겁니다. 그래서 그 대법원 판결은 인정할 수 없다는 게 윤석열 정부 대통령실의 기본 전제 같아요. 이걸 공개적으로 말하지는 않지만, 그 판결은 정치적 판결이었으니 그걸 걷어내고 우리가 한일 관계를 개선해야 한다고 생각하는 게 아닌가 싶습니다.

최종건 빨갱이들이 한 일이라고 보는 걸까요? 그렇더라도 대법원 판결을 어쩌란 말입니까? 대법원 판결은 최종의 최종 심급이고, 민주주의 체제인데 그걸 거스를 수 없는 것 아닙니까? 일본이 요구했던 모든 언어들이 용산 대통령실을 통해서 다시 나오는 게 문제입니다. 아마 이게 끝이 아니고 시작일 겁니다. 후쿠시마발 수산물 수입 문제도 있을 거고요. 사도광산을 유네스코에 등재하려고 하는데, 군함도에서 했던 것처럼 강제징용 노동자 문제는 생략하려고 하겠죠. 사실 그들이 사도광산을 유네스코에 등재하려고 했던 것을 문재인 정부 마지막 기간에 유네스코에 가서 막은 겁니다.

이 내용은 제가 여기서 처음으로 공개하는데 정의용 당시 외교부 장관이 파리에 가서 유네스코 사무총장을 만나 상세히 설명했던 기록이 남아 있습니다. 유네스코 같은 국제기구는 일본의 입김이 세거든요. 그래서 보편적 가치로 접근할 수밖에 없었습니다. 전쟁기간 중 가장 약자인 사람들의 인권이 유린당한 문제라고 호소한 거죠.

독일 베를린 미테구에 세워진 소녀상도 불안합니다. 미테는 영어로 하면 '미들', 그러니까 미테구는 우리말로 하면 '중구'인데, 여기에 소녀상이 세워졌을 때 일본에서 아주 난리가 났습니다. 미테구의 조치는 일 년 정도 연장을 해준 거라서 이젠 장담할 수가 없습니다. 이번 한일정상회담이 끝나고 〈교도통신〉을 통해서 2015년 위안부합의를 이행해달라는 이야기가 흘러나오고 있어요. 그 합의 중 하나가 국제사회에서 한국 정부가 위안부 문제를 거론하지 않는 겁니다. 일본 대사관 앞에 있는 소녀상, 부산에 있는 소녀상 전부 철거해달라고 하겠죠. 해외에 있는 소녀상들은 공유지에도 있고 사유지에도 있는데, 사유지에 있는 소녀상에는 일본 측에서 아주 드잡이를 합니다. 그런 게 더 심해지겠죠.

이광수 위안부 합의와 소녀상 철거와 관련된 일본 문제는 합의 대상이 아니라고 봅니다. 역사에 맡겨야 하죠. 대통령이 되었다고 모든 결정을 혼자 할 수 있는 건 아닙니다. 국민들은 대통령에게 권력을 위임해주었을 뿐입니다. 심지어 5년뿐입니다. 이제 4년 남았네요. 일본과의 역사 문제를 대하는 방식을 보면, 대통령 자신을 국가로 생각하는 듯합니다. 모든 권력은 국민으로부터 나온다는 민주주의의 가장 기본적인 원칙을 정부와 대통령이 꼭 기억했으면 좋겠습니다.

김성회 윤석열 대통령은 일본 정부의 사과 문제에 대해서 피해자 몇 분한테 사과하면 되는 일 정도라고 생각하는 것 같습니다. 국익을 위해 양보할 수도 있는 가벼운 문제로 보는 거 같고요. 그런데 우리가 일본에 사과를 요구하는 것은 피해자 분들에게만 죄송하다고 말씀드리라고 하는 게 아니라, 그들이 전쟁기간 획책했던 제국주의와 군국주의에 대해 반성하고, 후손들에게 부끄러운 역사를 반복하지 말 것을 가르치는 과정까지를 포함하는 것이죠. 사도광산 유네스코 등재 추진에서처럼 본인들이 부끄러워할 만한 역사는 쏙 빼고 좋은 것만 남겨서 등재하려는 그런 일을 하지 말라는 거죠. 또 일본의 우익은 군국주의의 부활을 꿈꾸고 있지 않습니까? 이런 나라의 군비 증강은 주변국인 우리나라로선 허용하지 않는 게 당연한 거죠.

저는 '코리안 아메리칸 포럼 캘리포니아(KAFC)'란 조직을 여러 사람들과 함께 만들어서 활동했는데요. 평화의 소녀상이 해외 1호로 설치된 글렌데일 시의회를 설득하는 일을 했습니다. 글렌데일 시의회를 설득할 때 한국 정부의 도움을 받지 않았어요. 우리가 글렌데일시를 골랐던 이유는, 인구 대부분이 아르메니아계 사람들이었기 때문입니다. 100여 년 전에 터키로부터 대규모 학살을 당했던 전쟁의 아픔을 공유하고 있었기에 설득하기 쉬웠어요. 한일관계 문제로 접근하지 않고 이 평화상 설치가 전쟁기간에 여성이 피해를 당하는 현실을 고발하기 위한 것이며, 아시아 각국과 또 일본, 네덜란드를 포함한 여러 국적 여성들의 피해가 있었고 이걸 후손들에게 가르치기 위해서 소녀상이 필요하다고 설득했습니다. 그래서 시의회가 시유지를 땅으로 내주고 관리비도 자기들 예산으로 책정했고요. 아시안 아메리칸들이 돈을 모아 한국에 평화의 소녀상 조각상을 발주해 가지고 와서 설치한 겁니다. 글렌데일시라는 자치구의 자체적인 결정이기 때문에 일본도 여기는 못 건듭니다.

이런 역사적인 기억이 필요한 사안인데, 양금덕 할머니와 피해자들이 보상받으니까 그런 정도로 좀 양해해달라는 식으로 윤석열 대통령이 말하는 걸 듣고 있으면 정말 화가 납니다. 그러면서도 귀순 선언한 북한주민을 북으로 돌려보낸 일을 두고 인권침해라고 하면서 문제 삼고 있습니다. 선상 살인사건을 저질러 16명을 살해하고 도피 과정 중에 대한민국 해군에 나포된 다음 귀순 의사를 밝힌 사건이었지요. 따져봐야 할 지점이 많은 일인데 단지 북으로 돌려보냈다고 인권을 심각하게 침해

한 일이라며, 이전 정권에서 대통령 안보실장이었던 이를 기소하고 재판을 벌이고 있고요. 이런 모순적 상황을 어떻게 이해해야 할지 모르겠습니다.

최종건 삼권분립 위반, 권력남용, 업무방해 다 해당하죠. 또 하나 문제는 2015년도 박근혜 정부 한일 위안부 합의에 '위안부 문제에 대해 한국 정부가 더 이상 합의하지 말 것'이란 구절이 명문화되어 있다는 겁니다. 일본이 이 합의를 확실하게 이행하라고 요구하게 되면 한국은 소녀상 문제에도 속수무책이 됩니다.

사회자 소녀상 문제가 이번 회담과 그렇게 연결되는군요. 문재인 정부 때는 소녀상 문제에 어떻게 대응했는지 궁금해집니다.

최종건 앞서 이야기 나온 미테구 소녀상 얘기를 조금만 더 말씀드리면 2015년 합의 때문에 한국 정부는 당시에도 이 문제에 직접 개입할 수 없었습니다. 성명서 하나 못 낼 정도였어요. 대신 현지에 있는 변호사, 여성단체, 시민단체를 통해 이것을 한일 간의 역사 문제로 보지 말고 전시 인권이 유린된 여성 문제로 재규정하자고 해서 보편적인 문제로 바꾼 거죠. 얼마 전 독일의 어떤 대학에서 일본의 압박에 못 이겨서 학생회가 설치해 놓은 소녀상을 걷어간 일이 있었습니다. 미테구에서도 비슷한 일이 일어나지 말라는 보장이 없습니다.

또 하나, 한일 간의 군사협력이 확대된다고 하는데요. 정말로 일본이 원하는 방식의 군사적 지위를 가지려면 일단 평화헌법이 수정이 돼야 합니다. 지금 우리가 해주고 있는 이런저런 조치들이 일본의 평화헌법 개정에 엄청난 정당성을 제공하고 있는 거죠. 기시다 총리가 회담 후에 이런저런 내용을 자꾸 흘리는 이유가 바로 여기에 있습니다. 저는 지소미아가 어떻게 작동하는지를 본 사람이잖아요. 일본이 실제로 하고 싶은 건 한미 연합훈련 할 때 옆에 앉아 있고 싶은 겁니다. 참관의 형식으로라도 말이죠.

레드 라인을 넘은 정부,
동해안에 자위대가 들어올 것인가

김성회 그래서 저는 윤석열 정부 임기 안에 동해안에 자위대가 들어올 거라고 봅니다.

최종건 곧 들어올 겁니다. 한미 연합훈련 할 때 6·25 전쟁에 전투부대를 보내준 국가들은 유엔사의 이름으로 참관이 가능합니다. 우리 쪽에서 참관을 독려하고 있지요. 왜냐하면 이 연합훈련이 방어적이고 정례적이라는 메시지에 힘이 실리니까요. 일본은 전투부대를 보내지 않았으니 해당사항이 없습니다. 그런데 일본이 바로 여기에 들어오고 싶은 거 같아요. 하나의 문이 열리고, 또 두 개의 문이 열리게 되겠죠. 윤석열식 해법에 따라 앞으로 일어날 일들이 많을 겁니다. 보수와 진보 간에도 공유되는 레드라인이 있었는데, 그걸 넘어버린 거죠. '왜 대법원 판결을 무시하면서까지 이렇게 하지?'라는 의문에 대해 이성적 설명이 가능할까요? 저는 잘 모르겠습니다.

김성회 저는 아주 이성적으로 설명이 된다고 생각합니다. 지난 3·1절 대통령 연설에서 다 나왔다고 봐요. 기본적으로는 북한에 대한 피해망상이 있는 겁니다. 3·1절은 우리나라 독립운동을 기념하는 날인데도 100년 전에 우리 민족이 "우리는 세계사의 변화에 제대로 준비하지 못해" 식민국가가 됐다고 말합니다. 그런데 그다음 문장에서 앞의 발언에 대한 설명 없이 북핵 이야기가 나옵니다. "지금 세계적인 복합 위기, 북핵 위협을 비롯한 엄혹한 안보 상황이다. 그래서 우리가 변화하는 세계사의 흐름을 제대로 읽지 못하고 미래를 준비하지 못한다면 과거의 불행이 반복될 것이 자명하다."라고 말하죠. 언론 보도에선 이 문장은 생략하고 보도를 안 했어요. 내용인즉슨 북한의 침공으로 우리나라가 먹힐 수 있다는 공포가 전제인 겁니다.

그럼 이 문제를 어떻게 해결해야 할까요? 백 년 전에 우리 민족이 쇄국정치 하느라 문 닫고 있다가 나라가 망했다는 윤석열 대통령의 세계관을 대입해보면, 지금은 과감하게 그 틀을 깨야 될 때인 거죠. 어떻게 깨느냐? 한미동맹만 가지고는 모자라니 한미일 군사동맹, 더 노골적으로 말하면 인도-태평양 전략하에서 일본이 이 지역의 책임자임을 인정하고 그 보호를 받는 대상으로서 군사적인 협조를 해야 한다는 겁니다. 지금 윤석열 대통령이 말하는 것 중 하나가 한국이 중국, 러시아, 북한 지역을 탐지하는 레이더 정보를 일본에 제공하겠다는 거예요. 그리고 일본이 생각하고 있는 반격 능력 보유, 즉 북한 영토에 대한 선제적인 타격의 권리 역시 우리 허락이 필요 없는 일본의 권리라고 윤석열 대통령이 인정을 해줘버리는 겁니다.

사회자 막연하게 일본이 한반도 문제에 발언권을 얻고 싶다는 얘기보다 훨씬 심각한 문제네요. 말씀하신 대로라면 한반도에서 전쟁을 개시할 권리를 일본이 얻게 되는 건데요. 정말 그 연설문이 의도하는 바가 그런 것이었을까요?

김성회 지금 우리가 일본과의 관계를 확실하게 만들어놓지 않으면 북한의 공격, 대륙세력의 공격으로부터 살아남을 수가 없기 때문에 이렇게 해야 한다, 위안부 피해자든 강제징용 피해자든 일부 희생은 있겠지만 나라를 지키기 위해서는 우리가 지금 결단해야 할 시간이다, 이런 대통령의 입장이 3·1절 연설문에 다 들어가 있는 것이죠.

그런데 여기서 제가 의문이 하나 생겨요. 북한이 그리 겁이 난다면 왜 북한과의 대화 창구를 열고 북핵을 저지시킬 방법은 찾아보지 않느냐는 거죠. 미국에만 매달려 있으면 해결이 됩니까? 저는 이 문제는 4월에 있을 한미정상회담 그리고 G7에서 있을 한미일정상회담을 통해서 어떤 형태의 군사동맹으로 갈지를 봐야 한다고 봅니다. 앞에서 언급한 윤석열 대통령의 공포, 바로 북한의 침공으로 나라가 망할까 불안해하고 있다고 지적한 건 그 불안 때문에 대한민국 자체를 미일 동맹에 의탁하는 구조로 만들지 않을까 하는 걱정 때문이었습니다.

이광수 대통령의 3·1절 행사에서 보낸 메시지와 한일 관계에서 보여주는 메시지를 보면 흥미로운 점이 있습니다. 뭐랄까? 일본에 대한 애정이 느껴져요. 우리가 예전에 그런 시대를 살아왔잖아요. 일제가 좋다, 일본처럼 성장해야 한다, 일본 회사들 좀 봐라. 물론 일본을 좋아할 수 있습니다. 그러나 공적인 판단에 개인의 감정이 개입되면 안 되죠. 뿐만 아니라 지금은 일본 제품보다 월등한 한국 제품도 많고, 일본 노래는 K-pop을 못 따라옵니다. 윤석열 대통령의 일본 대응을 보면 공사 구분뿐만 아니라 시대의 흐름도 읽지 못한다는 느낌이 들어요.

앞으로 대한민국이 치러야 할 사회적 비용을 생각하다

사회자 이쯤 되면 이성적 설명이 어렵다는 최종건 교수님 말씀에 동의가 됩니다. 이런 태도가 권력 확장에 도움이 되는 일일까요? 보수언론도 자꾸 상상 속의 손해를 만들더라고요. 한일 관계가 그간 파탄이 나서 경제적 손실을 많이 봤기 때문에 그 누적된 피해 손해를 떨쳐내기 위해 윤석열 정부가 결단했다는 거죠. 그런 방식으로 정당화를 하더라고요. 그런데 윤석열 정부가 왜 그랬는지 이유를 하나 더 생각해본다면, 미국 측에서 상당한 압박이 있지 않았을까 싶기도 한대요.

최종건 저는 반대로 미국이 윤석열 정부가 원하는 무언가를 준 게 아닌가 하는 생각이 들 정도입니다.

이광수 한국은 경제적으로도 미국과 중국이 가장 중요한 위치를 차지하고 있습니다. 문제는 현재 미국과 중국이 경제와 산업분야에서 격렬하게 경쟁하고 있다는 점이죠. 향후 한미정상회담에서 미국은 중국과의 경쟁에서 유리한 위치를 차지하기 위해 한국의 힘을 빌리려 할 가능성이 높습니다. 한국은 반도체, 배터리뿐만 아니라 바이오, 조선 등 다양한 산업에서 글로벌 경쟁력을 가진 기업들이 많기 때문입니다. 그런데 미국의 요구만을 일방적으로 들어주면 한국은 매우 중요한 중국 시장을 놓칠 가능성이 큽니다. 한미정상회담이 걱정되는 이유죠.

최근 삼성전자 이재용 회장이 중국을 방문했습니다. 기업을 운영하는 입장에서는 이렇게 실용적인 태도를 취할 수밖에 없어요. 한미정상회담을 한다면 향후 한중정상회담도 해야 하고 실용적인 경제 외교를 해야 합니다. 경제차원에서 향후 열릴 한미정상회담이 일방적인 미국 위주의 외교가 되지 않을까 걱정이 됩니다.

김성회 미국은 자국의 이익만 중시합니다. 반도체 공장 지원을 이유로 영업 기밀을 거침없이 캐내려고 하고, 함께 움직이는 전략파트너라고 한국을 추어올리지만 실질적으로 다른 나라에 비해 더 주는 이익도 없습니다. 윤석열 대통령은 '북핵 위기로부터 대한민국을 살리려면 미국에게 더 줘야 한다.'라고 생각하고 있는데 이 셈법을 바이든 대통령이 꿰뚫고 있습니다. '일본 이상으로 받아내야겠다.'는 궁리를 하고 있겠죠.

이번에 기시다 총리는 말했다고 하고 우리 대통령실은 논의한 바 없다고 한 사실들을 유추해서 생각해보면 앞으로 윤석열 정부의 외교 방향을 예측해볼 수 있습니다. 먼저 2015년 한일위안부 합의의 복원이 있을 거고요. 초계기 문제에 대해 한국 정부가 사과할 거 같고요. 후쿠시마 오염수 배출에 대해 용인할 거 같아요. 사도광산의 유네스코 등재도 용인할 거 같습니다. 일본산 수산물도 수입할 거 같고요. 독도 문제도 다뤄지겠죠. 이렇게 6가지 중 윤석열 정부는 독도 하나만 빼고는 전부 다 사과하거나 양보해줄 거라고 생각합니다. 일본 입장에선 너무 고마운 일이죠.

그런데 결정적인 문제가 하나 있는 게 정작 한국 내에서 국민들 간의 동의는 지금 하나도 안 돼 있는 상태란 거죠. 한일 간의 문제가 한국 내 진영 간의 갈등으로 옮겨오게 되는 겁니다. 어떤 세력이 집권하든 이 문제를 원점으로 돌리자는 논의가 나오지 않을 수 없는데, 일본과 외교적으로 풀어야 될 문제를 국내 세력끼리 다투는 걸로 소모하게 되는 거죠. 일본이 너네는 대통령이 와서 합의를 해놓고 왜 이걸 뒤집으려고 하냐고 하면 국제적으로 굉장히 불리한 위치가 되는 건데, 그런 큰 부작용을 윤석열 대통령이 어떻게 책임질지 물어야 한다고 생각합니다.

최종건 약속을 어기는 나라가 되는 거죠. 그런데 애초에 일본이 우리에게 요구한 것 그리고 윤 대통령이 수용한 것은 논리고 뭐고 간에 삼권분립 위반입니다. 이건 법리로 가야 하는 문제죠. 각자가 가지고 있는 역사관이 다르더라도 명백하게 합의해야 할 문제입니다.

사회자 또 하나 황당했던 게 장학재단이 생긴 건데요. 일본으로 가는 한국 유학생 지원이라니 정말 이게 무슨 소린가 했습니다. 모인 기금이 고작 10억이라고 합니다. 한국이 지금 돈이 없어서 일본에 유학생을 못 보내는 나라가 아닌데 말입니다.

최종건 그나마 한일 양국 기업 다 억지로 낸 눈치죠.

김성회 양국 정상이 모여서 한 합의인데 수백억도 아니고 운영비로 10억이라니요? 박근혜 정부 국정농단 이후 4대재벌이 빠져나간 전경련을 심폐소생하기 위한 정책이 아닌가 싶은 생각이 들 정도입니다.

이광수 돈 액수를 떠나서, 기업이 무슨 정부가 돈을 맡겨놓았다가 찾아가는 곳입니까? 기업을 살리는 정책을 한다고 말은 하는데 장학재단 뉴스를 보면 정부가 기업을 대하는 방식이 30년 전으로 돌아간 것 같습니다.

김성회 한일정상회담에 임하는 윤석열 대통령 본인의 마음 속 태도는 우국충정이었을 겁니다. 북한만 막을 수 있다면 일본에게 다 내주는 협상을 하는 것도 장기적으론 국익에 도움이 된다는 신념이 있었겠죠. 로버트 퍼트넘 교수가 2중 게임이론에서 이미 지적한 바 있지만 외교라는 것은 정부 간 협상 못지않게 자국민의 동의가 중요합니다. 우리나라 국민 대다수는 대통령의 외교 해법에 동의하지 않고 있습니다. 다음 대통령이 되면 일본과의 협상을 재협상해야 할 상황이 올 겁니다.

그렇게 되면 일본은 "지금까지 윤 대통령이 양보한 것에서 한 걸음도 물러설 수 없다."라고 말할 테고 결국 한일관계는 다시 파탄 날 확률이 높습니다. 윤 대통령은 일본을 위해서 다 양보했는데 그 양보 때문에 결국 한일 관계는 더 나빠질 수밖에 없는 이 역설, 외교 초보자 윤석열 대통령의 호의가 곧 악몽으로 변하는 장면을 우리는 목격하게 될 것입니다. 문제는 그 피해가 전 국민과 동아시아 전역에 미칠 것이고 이후로도 오랫동안 후유증으로 남겠지요. 걱정이 태산입니다.

사회자 정리하자면 이번 합의가 한일 간의 문제를 푸는 해법으로 작동하기도 난망한 일인데, 이것이 엎어져도 골치 아파진다는 것이겠네요. 한 개인의 신념인지, 한 집단의 신념인지에 의해, 정말 큰 사회적 비용을 치르게 됐습니다. 한미정상회담 역시 잘 지켜봐야겠네요. 역시 가장 큰 문제는 아직도 남은 임기가 4년이라는 것이겠죠. 어렵고 혼란스러운 시기가 될 거 같은데, 대담 내용을 잘 새기면서 새로운 대안을 고민해야 할 것 같습니다.

이제부터 본격적으로 《아무도 행복하지 않은 나라》, 윤석열 정부와 그 1년의 이야기를 풀어가도록 하겠습니다.

1부 우이독경

牛耳讀經

쇠귀에 경 읽기,
어리석은 사람은
아무리 가르쳐도
깨닫지 못한다

최종건

국제정치학자. 연세대학교 정치외교학과 교수.
1974년생. 문재인 정부 당시 5년간 교수직을 휴직하고 청와대 안보실 평화군비통제비서관, 평화기획비서관, 외교부 제1차관을 역임하며 문재인 정부의 외교·안보 분야 실무를 담당했다.
2018년 4·27 판문점 남북정상회담, 9·19 평양 남북정상회담 등에 참여하였다.
외교1차관으로 재직 중 코로나19 시기임에도 불구하고 23개국을 방문하여 활발한 외교활동을 하였다.
《International Security》, 《Review of International Studies》, 《Washington Quarterly》, 《International Politics》, 《International Relations of Asia Pacific》, 《Asian Perspectives》 등 국제적으로 저명한 학술지에 다수의 논문을 출간하였다.

외교·안보 분야에서는 올해 예상되는 정세를 이야기하고, 이어 그동안 보여준 윤석열 정부의 대응을 통해 무엇을 놓치고 또 망치고 있는지, 앞으로 어떠할지 등에 대한 이야기를 준비했습니다. 외교·안보에 있어 우리에게 가장 중요한 변수인 미국이 어떻게 움직일지 먼저 그 부분을 살펴보고, 중국과 일본에 관해 얘기할 때는 이전 정부까지 거슬러 우리 정부가 그간 어떻게 대응했는지를 함께 평가해보려 합니다.

미국의 대중국 견제는 대북 압박 기조와 함께 더 심화될 것 같습니다. 북미 대화를 위해 새로운 접근을 하지는 않을 것으로 전망합니다. 현 제재를 유지하고, 확장억제를 말하면서 한미일 공조를 강화하는 대북 접근법을 유지할 것 같습니다. 북한에 대한 대응으로 이런 기조를 내세울 텐데, 이게 한편으로 중국을 압박하는 데에도 유리한 방향이 될 것입니다.

얼마 전 미국의 앤서니 블링컨 국무부장관이 중국을 방문하기로 했다가 '중국 정찰 풍선' 논란 때문에 전격 취소했습니다. 또 지난 1월 말에는 로이드 오스틴 미국 국방부장관이 방한해 확장억제 강화 논의에 대해 강력하게 얘기하고 갔습니다. 오스틴 장관이 확장억제 강화 약속을 하고 돌아간 후에 바로 미국의 최첨단 비행기들이 비행하기 시작했고요. 이런 상황이 한반도 안보 환경에 긍정적일지 부정적일지 언론이 제대로 분석하고 비판해야 하는데 그런 노력 없이 그저 비행기 띄우는 그림만 보여주고 있습니다. 이런 언론 보도는 참 답답합니다.

지금 상황은 역설적입니다. 한국과 미국이 세계에서 제일 좋은 최첨단 비행기를 띄우는데 북한은 무인기로 대응했습니다. 그게 우리 안보 환경에 실제로 많은 혼란을 주었고요. 안보 문제를 담당하는 사람들 입장에서 보면 아무리 값비싼 최첨단의 무기를 가지고 있어도, 초보적인 재래식 무기에 대응하는 것이 더 어려운 상황이 됐습니다. 속도가 마하 2에 레이더에도 안 잡힌다는 최첨단 비행기가 시속 100km로 비행하는 구형 무인기를 잡지 못하는 겁니다.

미중 갈등은 인권이라는 가치, 민주 대 비민주라고 하는 체제, 이렇게 가치와 체제를 둘러싼 구조적인 문제로 심화될 것 같습니다. 동시에 이를 통해서 첨단기술 및 제조 분야에서 중국의 공급망 배제를 더욱 강하게 추진하려고 할 테고요. 그런데 첨단기술 및 제조 분야에서 미국이 지금 추진하고 있는 4대 핵심 산업을 꼽아보면 전기차, 배터리, 반도체, 바이오인데, 이 4대 핵심 산업에서 모두 세계적인 경쟁력을 가지고 있는 나라는 우리나라밖에 없습니다. 대만은 배터리와 반도체에선 경쟁력이 있지만 전기차와 바이오에선 경쟁력이 약하고, 일본도 전기차에서는 한국에 비해 밀리는 상황입니다.

이런 영역에서 미국은 중국의 공급망 배제를 강하게 추진하면서 글로벌 공급망의 진영 간 블록화를 형성할 겁니다. 1990년대 이후 그동안 '비용'을 중심으로 사업을 했다면 이제부터는 '진영'을 중심으로 하겠다는 말입니다. 즉, 미국 입장에서 나와 더 친한 국가, 소위 신뢰가 있는 국가와만 같이 간다는 그런 상황입니다.

‘경제외교’를 하고 있기는 한 걸까?

사회자 우리 정치나 경제 이야기 이전에 먼저 외교·안보 이야기를 해보겠습니다. 윤석열 정부가 들어선 후 가장 큰 우려가 나오는 부분이기도 하고, 또 국제정세와 남북관계에 따라 대한민국의 행로와 향방이 결정된다는 점에서 중요하게 다루어져야 할 것 같습니다.

먼저 미국의 대중국 견제가 한편에서는 ‘반도체 칩과 과학법’(CHIPS and Science Act of 2022)과 ‘인플레이션 감축법’(IRA) 등으로 경제, 세계무역 차원에서도 본격화되고 있는 것 같습니다. 러시아의 우크라이나 침공을 보면서는 과연 중국이 대만에 대해 같은 수순을 밟을 것인가 걱정하는 목소리도 크고요. 이런 미중 갈등에 더해 동아시아에는 일본의 재무장이나 북핵 문제를 둘러싼 기존의 갈등도 상당합니다. 그리고 한일 간에는 역사문제를 둘러싼 대립이 언제나 위기 요인이고요. 이런 이야기들을 하나하나 짚어볼 텐데 그전에 이런 이슈들이 아니더라도 윤 정부의 외교 행보를 보면서 들었던 생각들을 좀 가볍게 이야기 나누어보면 좋겠습니다.

이광수 한 가지 의문이 드는 게 보수가 항상 ‘경제는 우리가 잘한다.’ 이런 류의 이야기를 하지 않습니까? 그 연장선상에서 ‘경제외교’를 내세우고요. 이 정부도 그렇고 역대 보수정부들도 다 그랬지요. 지난 정부들 평가를 이 자리에서 할 건 아니고, 지금 우리나라가 제일 큰 흑자를 보는 나라는 베트남입니다. 지난해에 342억 달러 흑자로 280억 달러 흑자의 미국을 제치고 1위를 기록했습니다. 그런데 작년 동남아 순방에서 베트남을 빼고 캄보디아와 인도네시아에만 들렀어요. 그리고 새해 들어서는 중동으로 달려갔습니다. 3월에는 일본도 방문이 예정되어 있고요. 중동은 우리가 수입을 제일 많이 하는 곳입니다. 돈을 버는 곳이 아니라 쓰는 곳이란 말이죠. 일본도 우리나라가 200억 달러 이상 무역적자를 보는 나라에요. 뭔가 이상하지 않으세요?

왜 수입하는 나라에 가서 잘 보이려고 하죠? 우리가 물건을 사는데 그렇게까지 잘 보여야 할 이유가 있습니까? 왜 우리 물건을 사주는 나라는 무시하고 등한시하는 걸까요? 그러면서 말로는 경제외교를 한다고 합니다. 어떤 경제외교를 하는 걸까요? 중동 가서 휘발유 좀 싸게 팔아달라고 하는 걸까요? 그게 효과가 있을까요?

사회자 어느 나라를 가고 말고의 문제가 아니라, 정부의 외교 정책에 철학이나 전략, 원칙이 부재하다는 지적으로 들립니다. 그런데 첫 중동 순방에서 아랍에미리트(UAE)를 먼저 간 이유는 뭘까요? 중동에서 더 중요한 나라들도 많이 있을 텐데요. 사우디는 빈 살만 왕세자가 다녀갔으니 뺀다고 해도요.

이광수 그건 나름의 이유가 있습니다. 아랍에미리트는 중동에서 우리나라가 거의 유일하게 건설로 돈을 번 나라예요. 자료를 살펴보니까 지난 20년간 사우디아라비아나 쿠웨이트 같은 나라에서 공사를 많이 했지만, 사실은 적자를 기록했어요. 맨날 오일머니 오일머니 말은 하는데, 실제로 최근 20년간은 중동에서 돈을 벌어본 경험이 없는 겁니다. 사우디아라비아만 해도 우리나라 기업들이 손해를 봐가면서 거의 공짜로 지어준거나 다름없습니다. 그런데 왜 사우디아라비아의 빈 살만 왕세자가 왔을 때 버선발로 뛰어가는지 이해가 안 돼요.

제가 살펴본 자료 기준으로 우리나라 건설사들이 사우디아라비아에서 약 10조 정도 손해를 봤습니다. 공사를 너무 싸게 수주한 거죠. 거시적으로 보면 한국 회사들이 한국에서 주택 및 아파트를 비싸게 판 다음에 그 돈으로 중동에 가서 사우디아라비아에 퍼주는 수준입니다. 충격적이죠. 그런데 왜 자꾸 거기에 집중하는 걸까요? 저는 지금 경제 정책을 책임지는 사람들이 과거의 기억으로 경제를 운영하고 있다고 생각합니다. 혁신하고 발전해야 하는데 아직도 옛날처럼 오일머니 얘기를 하는 거죠. 1970년대에는 오일머니를 벌었겠지만, 21세기 들어와서는 오일머니를 벌어본 적이 없습니다.

사회자 내유외강이 아니라 내강외유인 셈이네요. 이광수 위원님의 지금 발언을 들으면 우리가 요즘 말로 '호구 잡힌' 것처럼 들립니다. 현실이나 미래를 기준으로 하지 않고 과거가 기준이 되면서 이런 어처구니없는 일이 벌어지는 거겠죠.

최종건 중동 얘기로 시작을 하셨으니 하나만 덧붙여 보겠습니다. 윤 대통령이 UAE를 방문하고 바로 그다음에 스위스를 갔잖아요. 이게 외교 전문가들 사이에서 보면 정말 황당한 겁니다. 일정을 그런 식으로는 짜지 않아요. 사우디를 가지 않은 건 이해합니다. 왜냐하면 사우디의 빈 살만 왕세자가 그 전달에 한국에 왔으니까요. 만약 내가 중동 담당 국장이라면, 여기서 그 옆 나라들 일정을 잡았을 겁니다. 카타르든 쿠웨이트든 가는 거죠. 문재인 대통령 때도 사우디아라비아, 이집트, UAE를 묶어서 갔거든요. 일정을 잡을 때 중동 지역 대사들이 '우리나라에 오세요, 우리 지역으로 오세요.'라고 부탁을 하거든요. 그중에서 선택해서 가야죠.

그러니까 정말 이상한 거예요. 한국을 오라고 하는 나라들이 많아야 정상이거든요. 왜 이렇게 됐나 생각을 해볼 수밖에 없는데, 이건 가설인데요. 중동 지역 어떤 나라에서도 와달라고 안 했다. (일동 웃음) 그런데 이게 굉장히 가능성이 높습니다. 구체적으로 "윤석열 대통령 오지 마세요."라고 하지는 않겠죠. "우리가 이런저런 사정이 있으니 다음 기회에…."라고 말하면 느낌만 있지 까인 줄은 모를 수도 있는 겁니다.

사회자 윤석열 대통령이 낸시 펠로시를 피할 때처럼 휴가를 가서 그렇다고 할 수도 있었을 테고요. 옆 동네로만 가도 휴가를 간 게 되니까요. 우리 대통령이 몸소 보여주셨듯이요.

최종건 그리고 우리나라 대통령이 다보스포럼에 가면 특별 세션에서 연설을 하는 게 아니라 기조연설을 해야 합니다. 특별 세션은 자기가 만드는 거거든요. 대한민국 대통령 정도 되면 개막식에서 기조연설을 해야 격이 맞습니다. 그래서 다보스포

그러니까 이 순방 일정이 정말 이상한 거예요.
한국을 오라고 하는 나라들이 많아야 정상이거든요.
왜 이렇게 됐나 생각을 해볼 수밖에 없는데, 이건 가설인데요.
중동 지역 어떤 나라에서도 와달라고 안 했다.
이게 굉장히 가능성이 높습니다.

럼은 외교관들이 정말 자기나라 대통령이 가지 않기를 바라는 곳입니다. 왜냐하면 의전의 지옥이라 그래요. 외교관들이 먼저 도착해서 의전 행사 준비하고 대통령 일행이 취리히에 도착하면 바로 기차 태워서 보내야 하기 때문에 무척 힘든 일정입니다. 스위스 관광을 하고 싶었나 보다는 우스개 소리도 있었지만 진위는 알 수 없지요.

중요한 건 어떻게 이런 스케줄이 가능하냐는 겁니다. 만약에 문재인 대통령이 이런 일정으로 갔다면 언론이 난리가 났을 겁니다. 외교라는 게 물론 앞서 이광수 위원님 말씀하신 경제적인 흑자 그런 문제도 있지만, 그 나라 경제규모나 그 지역권에서의 위상도 따져가면서 일정을 잡아야 합니다. UAE 일정은 그렇다 치고 스위스로 갔다고 칩시다. 그러면 스위스 간 다음엔 이탈리아를 가든 프랑스를 가든 주변의 한두 국가는 가야 하잖아요?

사회자 그건 대통령실에서 변명하기 쉬울 것 같은데요. 유럽 강국들은 따로 일정을 잡아서 가려고 했다, 이렇게요.

최종건 백 번 양보해서 프랑스나 독일, 이탈리아 같은 큰 나라들은 일정이 맞지 않아서, 혹은 나중에 제대로 일정을 잡아서 가는 게 맞다고 칩시다. 그러면 가령 루마니아를 가면 되잖아요? 그런 동유럽 국가들을 가면 우크라이나 전쟁이 벌어지는 현장 바로 옆 나라들을 방문한다는 의미가 있습니다. 그러면 국제적으로 의미와 맥락을 인정받게 됩니다. 실제로 그렇게 인정을 받지 못하더라도 여하간 최소한 그렇게 디자인을 해야 하거든요. 외교 보좌관들은 우리 대통령의 외교 일정이 흥행이 되게 하려면 문제가 있는 지역, 이 경우엔 우크라이나에 가는 그림을 보여주거나 그게 너무 러시아에 던지는 메시지가 세다 싶으면 그 옆 나라라도 가는 그림을 보여줘야 하는 겁니다.

최근에 한국산 무기 구매를 많이 한 폴란드도 대안이 될 수 있었을 겁니다. 여하간 동유럽의 어느 나라를 방문하는 그런 그림을 만들었어야 합니다. 그래야 해외 순방의 일정이 의미가 있죠. 외교부장관은커녕 외교부 차관보라도 그런 일정으로는 안 갑니다. 차관보만 되어도 유럽에 가면 가는 김에 여기 저기 찍어서 가보거든요. 저 같으면 '루마니아 한 군데 더 가십시오.'라고 했을 거예요. 스위스 일정 끝나고는 뭐가 없었거든요.

러시아와 유럽은 어떻게 움직이고 있는가?

사회자 최 교수님 이야기를 듣고 보니 유럽 순방에서 우크라이나는 가지 못하더라도 루마니아나 폴란드만 방문했어도 굉장히 의미가 달랐겠다 싶네요. 스스로 흥행 요소를 발로 차버린 것 같기도 하고요. 우크라이나 전쟁은 이제 만 1년을 지나 2년차가 됐습니다. 유럽 얘기가 중심이 되는 자리는 아니지만 지금 경험하고 있는 것처럼 전쟁이 우리에게 영향을 미치는 측면이 꽤 크지요. 앞으로 어떻게 보십니까?

최종건 러시아가 핵을 사용할까 말까 이런 얘기가 나올 것이고 평화협상을 개시하겠다는 얘기도 나오겠죠. 그런데 평화협상이란 건 결국 우크라이나 동쪽의 러시아와 접경지역 돈바스 지역 같은 곳들을 그냥 떼어주자는 얘기예요. 백악관은 아니라고 부인했지만, 심상치가 않아요. 미국이 우크라이나에 탱크 30여 대를 제공한 직후에 나온 얘기라서요. 러시아는 분명히 자기네가 점령한 지역을 자국 영토로 인정해달라 요구할 것이고요. 우크라이나는 절대 안 된다고 얘기하겠지요. 이게 남북한이 6·25 전쟁 중기 이후 휴전선 일대에서 벌였던 상황과 비슷합니다. 6·25 전쟁에서 실질적이고 전면적인 교전은 1950년부터 1951년 사이에 일어났고, 그후 1953년까지는 지엽적인 전투가 계속됐어요. 휴전협상을 하는 동안에 서로 조금이라도 땅을 더 차지하려고 소모적인 땅따먹기를 했던 거죠. 그게 결국 휴전선으로 굳은 거고요.

젤렌스키는 우크라이나의 입장에서는 정치를 잘하는 겁니다. '우리한테 다 달라, 안 해주면 너희들은 나쁜 놈들이다.'라고 하면서 일종의 죄책감 게임을 하고 있잖아요. 미국이나 유럽은 처음엔 어쩔 수 없이 도와줬지만 언제까지 도와줘야 되는 건지 고민하게 됩니다. 또 혹자들은 '아니 미국의 외교 정책을 왜 젤렌스키가 결정을 하지?'라고 묻게 될 겁니다. 미국은 이제 선거가 다가오고 있어요. 국가예산이란 게 결국 한정적이니까, 계속 원조를 해줘야 하는 상황이 달갑지 않을 겁니다. 미국과 서방의 딜레마가 커지면서 장기전이 될 것 같고요. 러시아는 중국, 인도, 이란, 북한, 또 중앙아시아의 몇몇 나라들과 우호적인 관계를 맺으면서 버티려고 할 겁니다.

그런데 푸틴도 2024년에 대선이 있습니다. 이게 우리와 같은 개념의 대선은 아니지만 어쨌든 선거가 있는 거죠. 아직도 러시아 내에서는 푸틴의 인기가 상당히 높은 편이에요. 그래도 전쟁에 반대하는 사회적 저항이 어느 정도나 있을 것인지를 봐야겠죠. 이게 경제적인 문제와도 전부 엮여 있고요.

사회자 유럽을 비롯해 전 세계가 우크라이나 전쟁으로 인해 불확실성이 높아져가는 것 같습니다. 그런 점에서 특히 아시아는 미중 관계의 동향에 더욱 민감해질 수밖에 없겠고요.

최종건 유럽은 여전히 지역 불안정성이 증대될 겁니다. 미중 경쟁이 심화하는 것을 지켜보아야 하고, 코로나19도 여전히 문제가 있어요. 그다음에 에너지 수급 불안, 인플레이션, 기후변화, 경제 침체 등의 직격탄을 유럽이 워낙 세게 맞고 있어서 힘든 상황입니다.

이제 정책 결정에서 멀어진 저한테 아직도 유럽 사람들이 많이 왔다 갔다 합니다. '한국은 중국과 어떻게 할 거냐?'라고 자꾸 물어와요. 유럽은 우리만큼이나 중국과의 경제 교류가 중요합니다. 중국에서 폭스바겐이나 벤츠 구매하는 사람도 많고, 유럽도 중국 부품에 대한 의존도가 높아요. 그런 상황에서 '어떻게 해야 하지? 어느 정도 수위로 중국을 비판해야 하지? 게다가 러시아가 이렇게 지금 우리를 위협하고 있는 상황에서?' 이런 생각으로 엄청나게 혼란스러운 것 같아요. 러시아는 직접적인 위협으로, 중국은 도전자로 규정하면서도 중국과의 경제적 관계 유지를 어떻게 할지는 고민인 것이죠. 에너지 위기관리도 문제고요.

그래서 저는 독일이 어떻게 움직이느냐가 굉장히 중요하다고 보는데 독일의 메르켈 총리가 퇴임하고 숄츠가 총리가 된 뒤 맨 처음 방문한 국가가 중국입니다. 그때 시진핑은 정치적인 이득을 취하고 숄츠는 경제적 이득을 취했습니다. 중국이

유럽 여러 나라가 연합해서 만드는 여객기 에어버스를 124대를 사줬거든요. 그런데 이 에어버스 구매가 너무 강렬한 인상을 남겨서 다른 것은 잘 알려지지 않았지만, 그때 숄츠는 '어느 나라든 핵무기를 사용하는 것을 반대한다.'는 시진핑의 발언을 이끌어냈어요. 이 발언은 독일이 요구해서 나왔다고 봐야죠. 독일이 그렇게 한 것은 중국과의 경제적 관계를 유지해야 한다는 고민이 있었기 때문입니다. 현명한 거죠. 세일즈는 세일즈대로 했고요. 이런 게 진짜 영업사원이죠.

사회자 숄츠 총리는 그걸 통해서 본인이 경제 문제 때문에 중국에 투항한 게 아니라 푸틴을 압박하는 걸 하나 들고 왔다고 말할 수 있겠네요.

최종건 제가 차관 시절에 파리에 있는 프랑스 외교부를 방문했습니다. 건물이 무슨 궁전 같더군요. 영접하는 사람들이 연미복을 입고 있었습니다. 차 날라주는 사람들까지요. 제가 "이 건물의 기원이 뭡니까?" 하고 물어봤거든요. 그러자 매우 자랑스럽게 "프랑스는 왕국 때부터 외교부가 존재했습니다. 왕의

숄츠는 '어느 나라든 핵무기를 사용하는 것을 반대한다.'는 시진핑의 발언을 이끌어냈어요. 이 발언은 독일이 요구해서 나왔다고 봐야죠. 독일이 그렇게 한 것은 중국과의 경제적 관계를 유지해야 한다는 고민이 있었기 때문입니다. 현명한 거죠. 세일즈는 세일즈대로 했고요. 이런 게 진짜 영업사원이죠.

외교를 지원하기 위해 외교부가 있었습니다."라고 답하는 거예요. 그만큼 유서가 깊다 이거죠. 그런데 여기가 옛날 건물이라서 방음이 안 됩니다. (일동 웃음) 그래서 옆에서 미국과 프랑스 외교관들이 미불정상회담 공동성명의 초안을 잡느라고 싸우는 소리가 들렸습니다. 정말 거친 언사들이 오가더군요. 미국 측에서 너무 힘들어 하고요. 우리가 프랑스만큼은 못하더라도, 독일만큼은 해야죠.

미중 갈등의 심화와 공급망 문제

사회자 경제외교라지만 경제에 대한 고려는 없었다, 해외 순방을 흥행이 되게 만들 정책 마인드나 외교 철학도 없었다, 우리의 독자적인 목소리를 내고 강대국을 상대로 요구하는 그런 움직임이 보이지 않는다, 이렇게 정리해볼 수 있을 것 같습니다. 가볍게 몸을 풀었다 치고, 이제 윤석열 정부의 외교와 국제 정책에 대해 본격적으로 이야기를 해보지요. 먼저 초미의 관심사입니다. 최근 미국이 자국 내 첨단산업에 대해 여러 조치를 취하고 있는데, 이 상황이 결국 어떤 방향을 가리키는 건가요?

최종건 먼저 미국의 국내 정치 상황을 봐야 합니다. 2022년도, 작년에 중간선거가 있었는데 민주당과 공화당 모두 자기네들이 이겼다고 주장을 해요. 민주당은 중간선거인데 참패를 하지 않았으니 이긴 셈이라고 하고, 공화당은 하원에서 다수당이 됐으니까 당연히 자기들이 이겼다고 하죠. 어쨌든 양당 모두 2024년 대선을 앞두고 대중 견제와 대북 압박을 유지하는 정책 노선을 유지할 겁니다. 민주당의 정권 재창출 전략, 거기 대응하는 공화당의 견제 기조 전략 모두 동일하게 미국 이익을 중심으로 하는 외교 기조로 계속 가는 거죠. 북한이나 중국에 대해서 지금보다 더 강력한 메시지를 남길 수도 있지만, 선거가 다가올수록 그보다는 공급망 문제에 더 치우치게 될 겁니다.

공급망 문제에 관한 대처는 두 가지가 있어요. 소위 '반도체 칩과 과학법'(CHIPS and Science Act of 2022)과 '인플레이션 감축법'(IRA)이 그것입니다. 이 둘을 통해 첨단기술 분야에 대규모 산업 보조금을 투입하면서 신보호무역 정책을 추진하려고 하고요. 그런데 여기 있는 분들은 잘 아시겠지만 어떤 정책을 평가하는 가늠자로 중요한 게 그래서 얼마만큼의 예산이 투입되느냐입니다.

IRA 입법을 보면 총 7730억 달러의 예산규모입니다. 대한민국 돈으로 환산하면 1000조가 넘습니다. 그런데 이 7730억 달러 규모의 정부 예산 중 4330억 달러가 정부 보조금 및 세액공제 형태로 친환경 에너지산업에 투입이 돼요. 결국 이 돈이 전기자동차에 투입이 된다는 거죠. 그런데 세액공제 혜택을 받으려면 세 가지 요건을 모두 충족해야 합니다. ①북미 지역에서 최종 조립된 자동차 ②미국 또는 미국 자유무역협정 발효국에서 생산 또는 북미 지역에서 재활용된 일정 비율 이상의 핵심 광물 사용 ③북미 지역에서 제조된 일정 비율 이상의 배터리, 이게 세 가지 필수 요건입니다.

복잡할 게 없습니다. 그냥 앞으로 전기차에 관한 한 중국산은 쓰지 말라는 겁니다. 중국산을 절대로 쓰면 안 되고, 혹시라도 중국산 부품이나 재료가 들어가면 세액공제를 못 받는 거죠. 국산 부품 사용 의무는 올해 2023년부터 시행이 됐는데, 매년 적용 비율이 증가할 겁니다. 핵심 광물은 2027년부터 시행되는데 80%이고, 배터리 소재는 2029년 이후 100% 미국 제품을 사용해야 세제 혜택을 받습니다. 생산자가 됐든 소비자가 됐든 중국산을 사용할 인센티브가 없어지는 것이죠.

사회자 정책 하나로 중국을 견제하면서 자국 산업의 발전을 도모하고, 그러면서 울며겨자먹기식이라 해도 동맹국의 참여까지 이끌어내고 있네요. 미국으로선 신의 한수라고 부를 만할 것 같은데요.

최종건 그리고 또 하나의 정책인 '반도체 칩과 과학법'도 중요합니다. 이것에 대해서는 우리 언론에서 그렇게 중요하게 다루지 않았는데요. 이 법안에서는 총 2800억 달러의 정부 예산을 핵심 미래 기술 산업의 경쟁력 강화를 위해 책정했습니다. 이중 527억 달러를 반도체 제조시설 건립과 첨단 반도체 연구개발 지원 등에 투입할 예정이고요. 이 예산도 우리 기업이 가서 받을 수 있는 돈인데 여기도 일종의 딱지가 붙어 있어요. 미국 정부 보조금을 받는 반도체 제조기업은 안보 위협국에서 생산 시설을 확장하거나 신축하는 것이 금지돼 있습니다. 즉, '미국에서 이 돈을 받으려면 중국 시장에서 시설을 확장하지도 말고 새롭게 만들지도 말라.' 이렇게 되는 거죠.

한마디로 미국 정부로부터 반도체 관련 예산을 받고 싶으면 중국에서 철수하라는 뜻입니다. 그리고 '우려국가', 사실상 중국을 가리키는 건데, 이 우려국가의 핵심광물이나 배터리 소재가 일부라도 사용된 전기 차량 역시 세액 공제 대상에서 배제됩니다. 이게 지난 2021년부터 올해까지 미국에서 만들어진 정책들입니다. 선거에도 영향이 있기 때문에 다음 대통령이 트럼프가 되든 바이든이 되든 이대로 진행이 될 거라 봅니다.

여기서 한편으로 중국 정치 상황을 보면 아시다시피 지난해에 시진핑 주석이 3연임을 했고, 또 새로운 지도부를 선출했습니다. 사실상 전방위적으로 시진핑 사람들을 다 꽂아놓은 거죠. 이렇게 국내 권력기반을 다진 중국은 향후 미국의 압박에 적극적으로 대응할 것이고, 그러면서 아세안(ASEAN)과 같은 개발도상국들 및 유럽과 협력을 강화하려고 할 겁니다.

사회자 미국이 먼저 강공 드라이브를 건 셈인데, 이제 중국의 반응이 궁금합니다. 어떻게 대응을 할까요?

최종건 지난 해 2022년에 미국 국방부가 제출한 국방 전략에서 중국은 '주요 전략적 경쟁자이자 도전자'로 명시됐습니다. 그런데 작년은 중국에 있어 제로 코로나 정책에 의한 봉쇄조치로 상당히 어려운 시기였어요. 그래서 2023년 올해에 성장률을 높이기 위해 많은 노력을 할 겁니다. 지정학적인 환경은 안정적으로 유지하면서, 경제 중심의 기치로 가려고 하겠지요. 중국도 전기자동차, 인공지능, 신재생에너지 등 첨단기술 투자에 집중하면서 신성장 동력을 모색할 텐데, 이걸 두고 전문가들은 '중국식 자강화(自强化)'라고 표현합니다. 그러니까 결국 중국도 자기네 시장을 확대하기 위해서 미국 등 다른 나라와 비슷한 정책을 추진하는 거죠.

한편 한반도 문제에 대해서는 미국 주도의 제재 및 견제 그리고 한미 공조가 어떤 수준으로 되는지 주시할 거고요. 여기서 우리 대응을 판단하는 일종의 리트머스 시험지가 '비자 사태'인 거 같아요. 연초 한국 정부가 중국인에 대해 단기 비자 발급을 중단하고, 중국발 입국자에 대해 입국 전후 코로나 검사를 의무화하면서 중국도 한국의 조처에 대한 대응으로 같은 수준의 대응을 했죠.*

중국의 공급망 배제와 관련해 우리가 어려울 수밖에 없는 게, 문재인 정부 말기에 요소수 사태가 터졌잖아요. 사태가 터지고 나서 요소수와 비슷한 상황에 있는 우리 원자재가 어떤 것들이 있느냐, 즉 한 품목에서 80% 이상을 중국에서 수입하는 것들이 뭐가 있나를 파악해보니 무려 수백여 개 부품과 원자재가 나왔습니다. 수입선 비중에서 80% 이상을 특정 국가가 차지한다면 완전한 의존 상태인데 말이죠. 예를 들어, 전기차에 들어가는 특수한 전선이 하나 있어요. 이게 차량 한 대에 약 3미터 정도가 들어가는데 우리나라에선 수지타산이 안 맞아 도저히 생산이 안 되는 거죠. 중국에서 그 선 하나만 못 가져오게 되어도 전기차가 생산라인에서 완성이 안 된다고 합니다. 이런 것들이 굉장히 많은데, 그때 우리가 750개라고 보도자료를 냈어요.

김성회 말하자면 중국에게 '공략 자료집'을 준 셈이군요.

최종건 '공략 자료집'까지는 아니고요. 보도자료에 그 리스트는 공개를 안 했어요. 하지만 당연히 중국도 알고 있겠죠. 중국

* 3월초 한국 정부가 해당 조처들을 철회한 후, 중국 정부도 철회하여 사태가 종료되었다.

이 다음에 보복할 때는 예전 사드 국면에서 한한령 하듯이 그렇게 촌스럽게 하지는 않을 겁니다. 중국이 자기네 국내 공급망을 더 강화하기 위한 일환으로 '왜 우리가 너네한테 팔아야 해? 앞으로는 안 팔아.'라고 하면 우리가 할 말이 없어지는 거니까요.

김성회 중국으로서는 팔지 않는 단계까지 가지 않더라도 가격을 올린다든지 여러 가지 선택지가 있겠군요.

최종건 그리고 앞서 미국의 '반도체 칩과 과학법' '인플레이션 감축법'에서 봤듯이 미국에 수출하려면 중국산을 쓰지 말아야 되는 상황입니다. 물론 중국산을 안 쓸 수 있습니다. 대신 중국산을 피하면 비용이 올라가는 문제가 생기는 거죠. 요소수의 경우도 대안이 있었어요. 찾아보니 인도네시아나 카타르에서 사올 수는 있는데, 그러면 동선이 길어지고 시간이 길어지니까 수입단가가 너무 올라버리는 거예요. 중국에서 오면 하루나 하루 반이면 충분한데 말이죠.

중국과 대만의 무력 충돌 가능성, 한국이 해야 할 일은?

이광수 그런데 교수님이 미중 대결을 말씀하신 이 지점에서요, 지금 주식시장에서 가장 걱정하는 부분이 있습니다. 혹시 대만에서의 무력 충돌 가능성이 있을까요?

최종건 그건 확답하기 어려운 문제입니다. 우크라이나에서 전쟁이 터진 이후로 미국의 대만 전문가, 혹은 아세안 전문가들은 그다음이 대만이라는 얘기를 하고 있습니다. 독재국가들이 힘으로 현상 변경을 시도하려는 상황이 온 거고, 그런 차원에서 중국도 무력으로 대만을 복속하려 들 거란 주장이 많이 나오고 있죠. 근래 미국의 의회 지도자들은 대만을 방문하는 것을 마치 민주주의의 전초기지에 다녀오는 것처럼 선전을 하고 있어요. 이에 대한 대만의 반응은 반반입니다. 환영하는 측면이 있는가 하면, 제발 좀 오지 말라고 하는 사람들도 반은 되는 거죠. (일동 웃음) 대만으로선 이 문제를 부각시키는 것 자체가 부담스러운 면이 있습니다.

미국 일각에선 당장이라도 대만이 독립선언을 할 것처럼 이야기하는데 상황이 그렇게 단순하지는 않거든요. 중국과 대만은 우리가 상상하는 것 이상으로 경제적 교류가 활발하고 사람들도 많이 오갑니다. 대만 길거리에서 장제스와 마오쩌둥 둘이 손잡고 활짝 웃는 인형을 기념품으로 만들어서 팔 정도예요. 우리 남북관계에 비교하면 100배 이상 좋은 거죠. 그래서 미국이 대만을 점점 '문제화', '이슈화'하는 것이 대만으로선 매

근래 미국의 의회 지도자들은 대만을 방문하는 것을
마치 민주주의의 전초기지에 다녀오는 것처럼 선전을 하고 있어요.
이에 대한 대만의 반응은 반반입니다.
환영하는 측면이 있는가 하면, 제발 좀 오지 말라고 하는 사람들도
반은 되는 거죠. 대만으로선 이 문제를 부각시키는 것 자체가
부담스러운 면이 있습니다.

우 부담스러운 상황입니다.

한편 이에 대한 중국의 주장은 '대만 문제는 현상 유지 상태로 놔둬라. 왜 자꾸 우리가 대만을 복속할 것처럼 얘기하는가?'라는 것입니다. 중국은 본인들이 대만 해협에서 군사활동을 하면서 대만을 강압하고 있다는 미국의 주장을 부정합니다. '미국이 자꾸 항행의 자유를 말하면서 대만 해협을 왔다 갔다 하니까 중국도 대응할 수밖에 없는 것 아니냐.'라는 논리죠. 미국은 아직 '하나의 중국' 원칙을 부정하지 않았습니다. 그러니 중국 입장에서는 미군 군용기를 탄 미국 의회 지도자가 대만을 방문하는 건 모순이자 도발이라고 여기게 되는 거죠. 그래서 거기 대응할 수밖에 없는 거고요. 저는 이 문제는 미국이 가만히 놔두는 게 더 좋다고 보는데, 어떻게 될지는 좀 더 두고 봐야 할 것 같습니다.

사회자 대만에서 전쟁이 나면 중국과 대만이 싸우는 게 아니라 결국 중국과 미국이 붙게 되는 걸 텐데요, 그런 점에서 중국의 대만 침공이 실제로는 가능하지 않을 거다, 이런 이야기도 많이 나오는 것 같습니다.

최종건 저도 그런 이야기들에 동의하는 편입니다. 그런데 현상 유지라는 게 계속 같은 상황이 지속되는 게 아닙니다. 긴장이 한껏 올라갔다가 다시 완화되는 그런 순환적인 모습을 보이면서 이루어지는 거죠. 대만 문제는 전쟁이 나지 않더라도 중요한 게, 긴장이 고조되는 과정 속에서 동아시아 지역 안보 상황의 불확실성이 함께 올라가기 때문입니다. 또 말 얹기 좋아하는 사람들은 '그러면 북한이 가만히 있겠느냐. 허를 찔러 올 것이다.'라는 식의 상상 수준의 발화를 하기도 합니다. 어쨌든 동북아시아에서 총성이 울리는 실질적인 개전이 가능할지를 생각하면 회의적인 게 사실입니다.

이광수 국제 뉴스를 보며 제가 걱정스럽게 생각하는 건 세계 각국 정부들이 정당을 막론하고 갈수록 보수화되고 있다는 점입니다. 미국도 그렇고요. 민주당이나 공화당이나 세계를 대하는 관점에서 그렇게 큰 차이가 있지 않은 것 같아요. 보수화의 핵심은 긴장이 계속될수록 보수가 더 흥할 가능성이 높다는 겁니다. 그러니까 계속 긴장을 유발하는 거죠. 미국이 대만 문제를 계속 물고 늘어지는 이유가 그럴수록 미국의 경제에도 좋고 정치에도 좋기 때문입니다. 지금 어떤 현상이 일어나는지 아세요? 대만을 압박하니까 시스템 반도체 회사인 TSMC가 지금 미국에 공장을 짓고 대만에는 짓지 않습니다. 지을 수가 없어요. 왜냐하면 대만에 짓는다고 하면 거기 불안하다면서 아무도 투자를 안 하니까요.

이 시스템 반도체란 것은 미국이 인텔 같은 자국 회사에서 기술을 개발해 생산하기엔 이미 늦었습니다. 그러면 차선책은 삼성전자나 TSMC가 미국에 들어와서 생산하는 것인데, 그걸 위해선 한국과 대만의 긴장을 높이는 게 굉장히 좋은 수가 되는 겁니다. 시스템 반도체는 안보상 매우 중요하거든요. 중국이 이 기술을 탈취하지 못하면 4차 산업혁명에서 미국을 이길 수가 없습니다. 그러니까 사실 이런 것들 때문에 전쟁을 하지 않더라도 긴장감을 계속 높이는 게 미국에 이득인 겁니다.

김성희 또 하나 간과하지 말아야 하는 부분도 있습니다. 시진핑이 3연임을 했다는 것은 장쩌민이나 후진타오 같은 10년짜리 프랜차이즈 오너들을 넘어서려 한다는 겁니다. 오랜 시간 중국을 실질적으로 지배했던 마오쩌둥이나 덩샤오핑 등과 대등한 인물이 되고 싶다는 욕망을 숨김없이 드러낸 거죠. 시진핑이 그 정도 위치에 오르려면, 중화제국 완성이라는 역사적 책무가 본인한테 있다는 논리하에서 대만과의 통일을 추진하려는 정치적 선택이 있으리라고 생각합니다. 통일 수단으로 무력을 택하든 투표를 택하든 간에요.

또 실제 전쟁이 나느냐 여부와 상관없이 미국은 끊임없이 대만에서 전쟁이 날 수도 있을 것 같다는 얘기를 하고 있습니다. 일본의 경우엔 호주 등과 함께 중국과 대만, 그러니까 양안 간의 전쟁이 일어나면 같이 참전하는 외교 및 군사 협약도 맺고 있는 상태죠. 지난번에 낸시 펠로시 미국 하원의장이 대만을 방문할 때 우리나라 주한미군 기지에서 U2가 출격해서 정찰하고 돌아오는 모습을 보셨죠? 주한미군이 양안 간 전쟁 때 참전할 수 있는 여건은 이미 조성되어 있는 겁니다.

저는 실제 전쟁 발발 여부와 상관없이 외교적으로 우리나라가 어떤 입장을 정해 주변국에 메시지를 줘야 한다고 보는데, 지금 윤석열 정부에서는 그런 메시지가 보이지 않습니다.

시스템 반도체를 미국 회사에서 기술을 개발해 생산하기엔 이미 늦었습니다. 차선책은 삼성전자나 TSMC가 미국에 들어와서 생산하는 것인데, 그걸 위해선 한국과 대만의 긴장을 높이는 게 좋아요. 중국이 이 기술을 탈취하지 못하면 4차 산업혁명에서 미국을 이길 수가 없습니다.

우리로서는 그 또한 문제인 거죠.

최종건 문재인 정부 말기에 분명히 주변국을 향해 메시지를 발송했습니다. 그 메시지는 윤석열 정부에도 여전히 이어지고 있다고 생각하고요. 뭐냐 하면 '양안 관계, 그러니까 대만 해협의 평화와 안정은 동북아 평화 안정에 매우 중요한 역할을 한다.'라고만 말하는 겁니다. 딱 거기까지만 하는 겁니다. 2021년 5월 21일에 있었던 문재인 전 대통령과 미국 바이든 대통령의 마지막 정상회담의 공동선언 문구에 실린 그대로입니다.

그런데 이것 역시 문재인 정부에서 만든 게 아니라, 이명박 전 대통령 시절 후진타오 주석과 정상회담 했을 때의 공동선언 문구에서 가져온 겁니다. 그래야 중국 측에서 반발할 때 우리가 해명을 할 수 있기 때문입니다. 원래 중국은 한미 간에 양안 관계를 논의했다는 것 자체를 용납하지 못합니다. 그런데 그 근거로 이명박 대통령의 중국 국빈 방문 때 후진타오 주석과 만남에서 했던 얘기를 그대로 따온 것이니 안심하라고 설명한 이후로는 반응이 없었습니다.

그러니까 제가 드리고 싶은 말씀은 우리 정부의 입장이 명확해야 한다는 겁니다. '우리가 한반도의 안보 환경이 안정되고 평화롭기를 원하듯이 대만해협에 대해서도 같은 입장이다.' 단, 저는 여기서 한발 더 나가고 싶습니다. 이제 제 견해를 정부 정책에 반영할 수는 없지만, 개인적인 의견으로 우리 정부가 지금 해야 할 일을 논한다면, '대만해협에서 전쟁이 일어나면 대한민국 군은 거기 연루되고 싶지 않다.'는 메시지를 발송해야 한다고 생각합니다.

김성회 윤석열 정부가 최 교수님과는 정반대의 입장일 것 같아서 걱정이 됩니다.

최종건 윤석열 정부에서는 대만해협에서 충돌이 발생하면 그 전쟁에 대한민국이 빨려 들어갈 것 같아요. 아까 김성회 소장님 말씀대로 낸시 펠로시 하원 의장이 대만을 방문할 때 주한미군에서 비행기가 출격했죠. 우리는 항상 주한미군의 정의(定意, Definition)가 무엇이냐, 어디서부터 어디까지가 주한미군이냐는 점을 생각해야 합니다. 한반도에 주둔하고 있는 미군만이 주한미군일까요? 아니면 태평양, 예를 들면 하와이에서 출격해서 배속받아 오는 이도 주한미군일까요? 한반도에 주둔하고 있는 미군이었는데 대만으로 출격하면 그 사람은 주한미군인가요 아닌가요? 이런 문제들이 있습니다.

청와대에서 근무할 때 확인해봤는데, 우리는 대한민국 영토에 주한미군이 몇 명 있는지 정확히 알 수 없는 구조입니다. 협정상으로는 2만 8500명인데, 5천명 이상이 이동할 때만 우리가 통보받을 수 있다고 되어 있어요. 그런데 주한미군이 인천공항 같은 우리 쪽 입구를 통해서 들어오는 게 아닙니다. 오산미군기지로 바로 본인들 비행기를 타고 오니까 몇 명이 들어왔는지 정확한 입국 숫자를 파악할 수가 없습니다.

더 중요한 문제는 주한미군의 임무에 관한 겁니다. 이라크 전쟁 당시 의정부의 주한미군 기지에서 미군들이 사막복을 입고 훈련을 한 적이 있어요. 사실상 우리가 준 주한미군 분담금으로 훈련을 하는 것과 마찬가지인 거죠. 그렇게 훈련한 미군이 이라크로 출격합니다. 주한미군 기지가 한국정부에 아무런 통보 없이 이라크 전쟁에 활용되고 있는 겁니다. 이건 우리 세금이 어떻게 쓰이는지를 우리가 모른다는 문제도 있지만, 더 중요한 건 안보의 문제입니다.

이라크 전쟁 때는 저런 상황에서 무슨 문제가 발생하지는 않았습니다. 워낙 떨어져 있으니까요. 그런데 대만해협에서 문제가 발생했을 때, 오산 비행장에서 대만으로 수송기나 전투기가 출격한다고 칩시다. 중국의 전략가나 국방 전문가들이 그걸 가만히 놔둘까요? 주한미군 평택기지에서 해군 함정이 출발한다든지, 아니면 여기서 미사일이라도 발사된다면 중국이 한국을 가만히 둘 수 있을까요? 그래서 이런 부분을 명확히 정리해 둘 필요가 있는 것인데, 아무 생각이 없는 것 같습니다.

사회자 만약 대만해협에서 정말로 전쟁이나 그에 준하는 일이 벌어진다면 한국이 그 전쟁에 빨려 들어가지 않더라도 그 자체로 우리에게 위협이 되지 않을까 싶은데요.

최종건 우리나라로 오는 상선, 그중에서도 에너지 운반선의 40% 정도가 대만 해역을 지납니다. 많을 때는 42%, 적을 때는 38% 정도이니 평균 40% 정도로 추산하거든요. 그래서 대만에서 무슨 일이 발생하면 한국 경제에도 큰 영향을 미칠 수 있습니다.

제 개인적인 의견으로는 주한미군이 만약에 대만해협에서의 충돌에 연루가 될 경우 대한민국 정부와 반드시 상의한다는 점을 미리 확인받아야 한다고 생각합니다. 그게 동맹의 정신입니다. 그리고 대한민국 군은 그 문제에 관여 혹은 참전하지 않는다고 미리 못 박아 놓아야 한다고 생각합니다. 그런 선언을 해둬야 미국의 압박이 들어와도 우리가 감당할 수 있는 국익의

선에서 방어할 수 있습니다. 생각 없이 움직이면 그냥 빨려 들어가게 됩니다.

사회자 우리가 동맹이라고 말하기는 쉬운데 동맹이란 게 말하자면 서로 네가 피를 보면 내가 함께 싸워주겠다, 이런 게 기본 아닌가요. 그런 점에서 한미동맹의 굳건함은 미중 갈등에서 위험요소가 될 수 있을 것 같은데요.

최종건 맞습니다. 그래서 동맹의 정의를 분명히 하고 규정을 확실하게 해야죠. 주한미군의 성격은 북한을 억제하는 군이지 다른 역할을 하는 군이 아니라고 해야 하는 겁니다. 하지만 현실적으로는, 혹은 미국의 전략에서는 역할이 그렇게 구분되어 있지는 않을 것 같아요. 주한미군은 오산에 공군이 일부 있긴 하지만 사실상 육군이 대다수거든요. 그에 비해 주일미군은 대다수가 공군과 해군입니다. 즉, 동아시아에 투사된 미군의 역할에서 주한미군은 육군 중심으로, 주일미군은 공군과 해군 중심으로 맡고 있는 거라서, 대만해협에서 무슨 일이 생기면 같이 출동하게 될 수 있죠. 그런데 주한미군이 그런 식으로 출격하면 중국 입장에서는 한반도를 타격하게 될 수 있습니다.

주한미군이 만약에 대만해협에서의 충돌에 연루가 될 경우
대한민국 정부와 반드시 상의한다는 점을 미리 확인받아야 한다고
생각합니다. 그게 동맹의 정신입니다.
그리고 대한민국 군은 그 문제에 관여 혹은 참전하지 않는다고
미리 못 박아 놓아야 한다고 생각합니다.

물론 이렇게 되면 정말 세계 3차대전으로 가는 것이고요.

사회자 그런데 대만을 둘러싼, 아니 그게 아니더라도 이미 중국의 부상 이후에 미중 갈등이 고조되는 가운데 일본의 입장은 또 어떨까요? 일본도 주일미군이 전쟁에 자동 개입되는 등 여러 산적한 현안이 많을 것 같은데요.

일본의 입장을 대변하는 '신냉전'과 '인도-태평양 전략'

최종건 일본의 경우는 울고 싶은데 중국이 뺨을 때려주니까 그만큼 하고 싶었던 것들을 할 수 있다, 그런 상황일 겁니다. 일본의 선택지에도 분명한 한계가 있는 게 그들의 행동도 어차피 정치적인 문제라는 겁니다. 기시다 내각에게 가장 중요한 건 미국이나 중국과의 이해관계가 아니라 자기네 내각의 안정성이거든요. 그런데 기시다 내각의 지지율이 지금 생각보다 별로입니다. 지지율이 30% 언저리를 왔다 갔다 하는데 자민당 독주 체제인 일본에서는 매우 낮은 겁니다. 아마 아베 신조 전 총리가 그런 식으로 급사한 게 우익에게 좋지 않았던 것 같습니다. 게다가 요즘 엔화도 상태가 별로 안 좋고 워낙 약세입니다. 우리나라 사람들이 일본 가서 돈을 많이 써도 부담이 안 될 정도죠. 이러면 에너지 가격과 원자재 가격이 높아집니다. 아마 이것이 지금 기시다 내각의 가장 시급한 현안일 겁니다. 국내 정치에 의해 요동치는 일종의 패턴이 있는 거죠.

미국도 선거를 앞두고 있습니다. 중국도 선거는 없지만 시진핑 3기가 출범했으니 경제적 문제를 해결하는 모습을 보여줘야 합니다. 일본도 기시다 내각이 올해 봄쯤에 어느 정도 경제적 반등을 이끌어내는 모양새를 보여주지 않으면 불리한 지지율을 안고 선거를 치르게 됩니다. 그러면 크게 혁신적인 정치적 움직임은 보이지 못할 겁니다.

조심스럽게 전망해보면 일본 정치는 올해 하반기쯤 중의원을 해산시키고 총선거 국면으로 갈 가능성이 있을 것 같습니다. 그러면 어떻게 될까요. 선거를 염두에 두면 일본에서도 한국과 일본의 지도자가 같이 사진 찍는 걸 내보내고 싶어 하지 않을 겁니다. 지지율이 떨어지니까요. 정말 일본 관점에서 한국이 무릎이라도 꿇지 않는 이상 사진 나가면 지지율이 떨어집니다. 제가 청와대에서 경험한 것 중에 한일 외교장관 회담을 했을 때인데 일본 측에서 사진을 내지 않아서 우리가 일방적으로 낸 적도 있습니다. 왜냐하면 그쪽은 내각제니까 장관들도 모두 자기 지역구가 있는 의원들이라서 그렇습니다.

사회자 우크라이나 전쟁 이후 일본 미디어들의 반응을 보면 '드디어 권위주의 국가들이 도발하기 시작했다.'는 반응들이 눈에 띕니다. 그 나라의 외교·안보 정책 결정자들이 그런 식으로 생각하는 게 미디어에도 반영되는 걸 텐데요, 그런 점에서 '신냉전'이라는 표현도 많이 사용하는 것 같고요.

최종건 신냉전은 전형적인 일본식 표현입니다. 왜냐하면 우리는 냉전이 안 끝난, 정확하게는 냉전의 유산이 아직 끝나지 않은 나라이기 때문에 신냉전이란 표현이 어색하거든요. 하지만 일본에선 신냉전이라고 현 상황을 표현하는 경우가 많아요. 정말이지 일본은 지금 젖은 낙엽처럼 미국에 찰싹 달라붙으려고 합니다. 글로 쓸 때는 젖은 낙엽이라고 하기는 뭐해서 '밀착'이라는 표현을 쓰는데요. 그리고 전례 없이 공세적인 안보 정책을 폅니다.

그런데 여기서 하나 중요한 게 있는데, 우리 언론이 보도하는 것과 일본의 정책 이행 사이에 격차가 좀 있습니다. 일본이 미일회담을 통해서 미국과 일본이 공조하고 국가예산의 몇 퍼센트를 들여서 뭘 한다고 선언합니다. 그런데 일본은 내각제이기 때문에 의회를 거쳐야 하는 과정을 밟는데 그 과정에서 항상 예산이 깎입니다. 예를 들어 방위비를 2배 이상 인상하기로 했는데, 지역구마다 이해관계가 있지 않습니까? 노령사회 문제도 있고 청년실업도 있는데 방위비에 저렇게 많은 예산이 가서는 안 된다, 차라리 외교를 잘하자는 식으로 의원들이 항의해서 예산을 깎게 됩니다. 그래서 일본은 항상 수사적 표현으로는 강한데 그에 비해 결과는 미약합니다. 그런데 일본의 그 강한 수사가 한국에 있는 우리에게는 엄청나게 세게 다가오게 되죠. '아, 저들이 전쟁국가로 돌아가려고 하는구나.'라는 식으로요. 반일감정이 있기 때문이기도 하지만, 여하튼 이런 격차를 감안해서 해석해야 합니다.

또 한일 간에는 한미일 협력을 바라보는 관점의 차이도 있습니다. 우리에게 대미관계, 혹은 한미일 협력은 북한을 앞에 세워놓고 사실상 중국을 견제하는 것으로 이해됩니다. 일본에게도 그런 의미가 있긴 하지만, 그들에게 한미일 협력의 의미는 하나가 더 있습니다. 중국을 견제하는 건 당연하지만, 일본은 북한 문제, 바로 한반도 문제에도 상당히 세게 개입하고 싶어 합니다. 가령 동해상이 됐든 남해상이 됐든 한미일 해군이나 공군이 같이 훈련하기를 바라고 있어요. 지금까지는 그것을 막아왔습니다. 미군 비행기가 동해상으로 들어올 때 일본 공역에서는 일본 비행기와 함께 훈련을 하고, 우리 지역으로 들어오면 한국 비행기가 붙어서 같이 훈련하는 식이었습니다. 미국 입장에선 한미일 훈련 비슷한 것이지만 한국 비행기와 일본 비행기가 같이 훈련하지는 않는 거죠. 그런데 최근에 남해, 제주도 이남에서 한미일 해군 훈련을 온전히 같이 했습니다. 해상 구조 훈련을 했어요. 그쪽으로 우리 상선도 많이 다니지만 일본 상선도 많이 다닙니다. 그런 것까지 감안해서 제 생각에는 일본은 계속 한반도 문제에 개입하고 싶어 하는 것 같아요.

사회자 구체적으로 뭘 하고 싶어 하는지 언뜻 잘 이해가 안 갑니다. 일본이 한반도에서 훈련하고 싶어 하는 것의 의미가 뭘까요? 그걸 북한 문제에 대한 개입으로 보는 건가요?

최종건 그렇죠. 북한 문제는 일본에게도 풀어야 하는 문제니까요. 국내적으로는 납북자 문제에 관여하기 위해 북한과의 협력을 추구하기도 합니다. 그다음으로 북한발 미사일이 일본 열도의 안보를 위협하고 있으니 주변국가, 동맹국과 협력하여 북한을 계속 압박하는 식으로 자기들이 이 문제를 주도하고 있다는 식의 국내적 메시지를 주고 싶어 하는 것 같아요.

사회자 그러고 보니 우리는 우리가 북한 미사일 사정거리 안에 있는 현실이 너무 익숙하니까 그러려니 하고 넘어가는데, 사실 일본도 미사일 사정거리 안쪽인 건 마찬가지네요. 일본 입장에서 본인들도 그 문제에 대해 뭔가 제대로 대응을 해야만 정치적 명분이 설 수도 있겠다는 생각이 듭니다.

김성회 저는 이 대목에서 최근 윤 대통령도 언급한 바 있는 '인도-태평양 전략'에 대해 이야기를 나눠봐야 할 것 같습니다. 2007년에 아베 신조가 인도를 방문한 자리에서 처음 인도-태평양 전략을 발표했을 때만 해도 당시 오바마 1기의 미국은 '무슨 소리냐. 중국 자극하지 마라.'란 입장을 취했습니다. 그러다 트럼프 시대로 넘어가면서 '그래, 그럼 일본 네가 인도-태평양 지역은 좀 알아서 한번 해볼래? 돈도 니들이 내고 한번 해봐.'라는 식으로 미국이 살짝 한발을 빼면서 일본에 공을 넘기는 입장이 아니었나 생각합니다.

우리는 어땠냐 하면 트럼프 시대에 문재인 정부는 인도-태평양 전략에 반대하는 입장을 냈습니다. 그런데 걱정스럽게도 이번에 윤석열 정부에서 아예 '한국형 인도-태평양 전략'이라는 걸 발표해버리면서 양상이 완전히 달라졌습니다. 이건 진보-보수의 문제를 떠나 기본적인 틀이 흔들리는 거예요. 노태우 정부 때 북방외교가 시작되었는데, 그게 남북관계를 개선하는 문제에만 국한된 게 아니었습니다. 우리가 대륙으로 뻗어가기 위해서 그 관문인 북한이 안정화되지 않으면 대륙과의 경제 문제를 풀 수가 없다는 뜻이었죠. 그래서 보수-진보할 것 없이 어떻게든 남북관계를 다독이려고 했던 게 지난 30년 가까운 세월 동안의 지난한 노력이었고요.

그런데 윤석열이라는, 제가 보기에는 외교에 완전히 무지한 '초짜' 대통령이 나타났어요. '미국이 뭐라 뭐라 그러는데, 인도-태평양? 오케이 그거 가자!'라고 하는 거죠. 우리는 대륙의 끝자락에 있는 반도라서 대륙적 속성도 가지고 있고 해양적 속성도 가지고 있잖아요. 그런데 이제 대륙과의 관계는 끊자는 거죠. 마치 우리나라가 일본의 품에 안기는 형국이에요. (일동 웃음) 일본은 해양국가로서 인도양과 태평양에서 자국이 중심이 되는 전략을 꾸리는 게 당연합니다. 그런데 여기에 우리가 들어간다고 선언해버린 거지요. 이런 정도의 중대한 일을 한 정권이 그냥 결정할 수 있는 게 아닐 텐데 정말 걱정입니다.

최종건 좋은 말씀입니다. 저도 그 문제를 논하려고 했어요. 우리가 '아시아 퍼시픽', 그러니까 아시아태평양, 줄여서 '아태'라고 했을 때 '아시아'란 개념에는 대륙이 담겨 있습니다. '퍼시픽' 하면 태평양이니까 저 밑에 칠레까지 포함되는 개념이고요. 처음에 '아태'라는 개념은 호주와 뉴질랜드가 함께 만들어냈습니다. 왜냐하면 이 나라들은 아시아에 끼고 싶어 하거든요. 그런데 본인들은 저 태평양 아래쪽에 있으니까 아시아태평양이라는 개념을 만들고, 또 'APEC'이란 틀 안에 본인들도 포함시키려고 한 거죠. 그러니까 '아태'에는 아시아라는 정체성이 우선적으로 담겨 있습니다. 반도 국가로서 대륙과도 연결되어 있고 해양과도 연결되어 있는 한국에게 유리한 개념이었죠.

'미국이 뭐라 뭐라 그러는데,
인도-태평양? 오케이 그거 가자!'라고 하는 거죠.
우리는 대륙의 끝자락에 있는 반도라서 대륙적 속성도 가지고 있고
해양적 속성도 가지고 있잖아요. 그런데 이제 대륙과의 관계는
끊자는 거죠. 마치 우리나라가 일본의 품에 안기는 형국이에요.

그런데 '인도-태평양'으로 개념이 바뀌니까 아시아가 빠지면서 해양 세력들이 주류가 된 겁니다. 그리고 지역적 개념으로 봤을 때 저 태평양 건너편 아래에 있는 칠레와 인도가 무슨 연결점을 가질 수 있겠어요. 또 하나 웃긴 건데, 처음 인도-태평양 전략이 탄생했을 때 정작 당사자인 인도도 몰랐습니다. (일동 웃음) 그런데 인도 역시 둘로 나눠집니다. 그러니까 인도의 뉴델리 세력은 대륙과 잘해보려고 하는 세력들이고, 인도의 해양 세력은 남쪽 해군 세력들이죠. 인도-태평양 전략에 동의한 인도는 전체 인도가 아니라 반쪽 인도라고 봐야 합니다.

사회자 문재인 정부 기간에는 신남방이란 용어도 많이 사용된 것 같은데요.

최종건 저는 개인적으로 여기 모인 우리 모두는 아시아태평양, 아태 세대라고 생각합니다. 김대중 대통령도 정계 은퇴시기에 아태재단(아시아태평양평화재단)을 만들어서 이사장을 하다가 복귀해서 대통령이 되셨죠. 이명박 정부 때도 아세안(ASEAN) 전략, 동아시아 전략이란 게 있었어요. 저는 인도-태평양 전략이라는 개념은 무리하고 졸속적이라 5년 내에 사라질 것이라고 봅니다. 왜냐하면 이 전략은 중국을 배제하자는 논리에요. 그래서 문재인 정부는 끝까지 '인태' 전략이란 용어를 쓰지 않고 신남방정책이란 말을 썼거든요. 우리 기준에서 남쪽을 칭하면 당연히 동남아 국가인데요, 파키스탄이 '왜 우리는 신남방정책의 대상이 아니냐?'면서 한국 정부에 항의를 할 만큼 그 지역 국가들의 호응이 좋았습니다.

정권이 바뀌면 이런저런 부침이 있고 그에 따라 정책 기조가 바뀔 수 있다고 생각하지만 또 그만큼 최소한 유지해야 하는 것들이 있습니다. 특히 신남방정책은 아세안 국가들이 그 이름을 제발 좀 유지해달라고 부탁했습니다. 왜냐하면 '인태' 전략이란 용어를 쓰면 자기들로서는 곤혹스럽거든요. 미국과도 잘 지내고 중국과도 잘 지내고 일본하고도 잘 지내야 하는데, '인태' 전략에 동참해버리면 중국 포위망에 동참하는 거나 다름없어서 신경이 쓰인단 말입니다.

그래서 지난 대선 패배 후 윤석열 정부의 인수위가 움직이던 시기에 주 한국 아세안 대사들이 단체로 제 방에 와서 청원을 했습니다. '제발 신남방정책이 유지되도록 다음 정부에도 제언해달라.'고요. 그 내용을 제가 정리해서 당시 인수위에 보냈습니다. 결과적으로 공염불이 됐지만요.

김성회 대사들이 찾아왔다는 건 그때 이미 불안감을 느꼈다는 거군요.

최종건 윤석열 정부가 들어서면 '신남방정책'이란 이름을 없앨 거라는 소문이 났던 거겠죠. 그런데 정권이 바뀌더라도 이런 건 유지해줘야 합니다. '애니싱 벗 문'(Anything But Moon)으로 갈 게 아닌 거죠. 신남방정책이라는 이름은 유지해도 됐던 일입니다. '한국형 인태 전략'이라고 이름을 바꿔봤자 어차피 내용은 거의 비슷합니다. 그런데 왜 이름은 유지를 안 합니까?

저는 우리나라 외교 정책에도 고유한 브랜드네임이 있었으면 좋겠습니다. 그게 우리 국력에 걸맞은 것이고요. 대북정책에 있어서도 보수정부가 성공해야 한다고 생각합니다. 그래야 진보정부가 들어서도 뒤집지 않고 연속성 있게 갈 수 있습니다. 그렇지 않습니까? 보수정부가 실패하면 진보정부가 들어서서 뭘 하려고 할 때 저쪽 진영에서 안 된다고 달려든단 말입니다. 본인들 입장에선 실패 경험밖에 없으니까요.

아까 김성회 소장님이 말씀하셨듯이 노태우 정부에서 추진했던 대북정책은 성공적이었어요. 당시 사회주의권 나라들과 수교도 많이 했고 한반도 비핵화 선언도 했고 남북 기본합의서도 만들었죠. 그래서 이후 김대중 정부 때나 노무현 정부 때, 또 문재인 정부 때도 그 유산을 근간으로 갈 수 있었거든요. 그런데 지금 보수정부 사람들은 그런 걸 공부하지 않나 봅니다. 우리가 지금 쓰는 한반도 비핵화라는 용어도 노태우 정부 때 만들어진 거예요. 당시 한반도 비핵화 선언이란 걸 하면서 말이죠. 그런데 이 정부는 한반도 비핵화를 계승하지 않고 자꾸 북한 비핵화라고만 해버리고 동시에 독자 핵무장론을 띄우고 있어요. 역사성도 전혀 없고 앞뒤도 맞지 않습니다.

저는 우리나라 외교 정책에도
고유한 브랜드네임이 있었으면 좋겠습니다.
그게 우리 국력에 걸맞은 것이고요. 대북정책에 있어서도
보수정부가 성공해야 한다고 생각합니다. 그래야 진보정부가
들어서도 뒤집지 않고 연속성 있게 갈 수 있습니다.

강제징용 피해자 문제,
예정된 파탄

사회자 윤석열 정부의 외교를 이야기하며 미국과 일본에 지레 접고 들어가는 자세가 문제라는 이야기가 여러 번 나왔는데요, 이쯤에서 한일 간에 가장 긴박한 사안 중 하나인 강제징용 피해자 문제에 관해 논의해보면 좋을 것 같습니다.

최종건 강제징용 피해자 문제는 여러 가지가 엮여 있습니다. 결국 핵심은 원고 측의 사과, 그리고 우리 대법원 판결에 따라 배상금에는 일본 측 돈이 반드시 들어가야 한다는 거죠. 그런데 이번 윤석열 정부는 대리 변제라는 것을 가지고 왔어요. 이건 제3자가 대신 변제해도 된다는 건데요. 그러려면 대외적 명분이 있어야 하니, 1965년 한일협정 타결 이후 경제적 수혜를 크게 입은 포항제철 등등이 돈을 내라는 거죠. 그 기업들이 돈을 내서 변제하면 된다고 보는 겁니다.

아무래도 대외비를 하고 있을 테니 제가 자세한 얘기까지는 모릅니다. 그러나 추측해보면 일본의 관방장관 정도가 기자들의 질문에 '우리는 김대중 오부치 선언을 계승한다.'라고 답할 테고, 이걸 윤석열 정부는 '사과'로 간주하겠다고 말할 것 같아요. 이 대목에서 '그러면 이건 우리 입장에서 이렇게 해야 할 이유가 없는데 왜 서두르는 거지?'라고 생각하면 정무적으로 짐작 가는 게 있습니다. 5월에 히로시마에서 G7 정상회의가 있거든요.

김성회 아, 초대권 문제였군요.

최종건 초대권이 주최국에 있으니까요. 문재인 정부 시절 영국에서 G7 정상회의를 주최했을 때는 영국이 문재인 대통령을 초청했습니다. 이런 이유가 하나 있을 것 같고, 다른 하나는 미국의 압박이 있겠죠. 한미일 동맹을 위해 이런 문제들은 그만 해결하고 가자는 압박이요. 그런데 이게 2015년 박근혜 정부의 위안부 합의만큼 폭발력이 있겠느냐 없겠느냐의 문제인데, 저는 처음엔 별 거 아닐 거라고 생각을 했어요. 왜냐하면 워낙에 위안부 문제가 더 큰 사안이고 징용공 문제는 이슈가 한정적이라고 봤기 때문입니다. 그런데 지금 우리 정부의 대리 변제, 즉 '제3자 변제가 기술적으로 괜찮다.'라는 주장을 외교부가 가지고 오는 걸 보고 사안이 커졌다는 생각이 들었어요. 만약에 지금 정부가 주장하는 대로 대리 변제 형태로 해결이 되면 폭발력이 클 거 같습니다. 정말로 G7 회의에 윤석열 대통령이 나타나면, 저부터도 저기 가려고 문제를 이렇게 해결했냐는 이야기를 할 것 같거든요.

김성회 저는 이것도 '애니싱 벗 문'이 아닐까 싶습니다. '문재인이 성공하지 못했던 것, 혹은 문재인이 망쳐놨던 것을 정상화시킨다.' 이런 생각이 지금 윤석열 대통령의 머릿속에 가장 크게 자리 잡고 있는 것이라 봐요.

가령 제가 생각하는 윤석열 대통령의 머릿속 흐름은 이렇습니다. 대법원이 쓸데없이 일본 기업에게 배상하라고 해서 한일 관계를 완전히 망쳐놓았다. 그런 판결의 사실상 배후인 문재인 정부가 일본 정부의 멱살을 잡고 따귀를 쳐서 일본 정부를 기분 나쁘게 했다. 그래서 일본 정부가 수출 제재 조치를 취했는데 이것 역시 그 잘못은 문재인 정부에 있다. 이것이 궁극적으로는 한미일 군사 협력 체계를 구축하는 데 방해 요소로 작동하고 있다. 그러니까 이것은 주사파 친북 정권인 문재인 정부의 크나큰 오류다. 다소 무리가 있더라도, 국민적 반대 여론을 무릅쓰고라도 이 문제를 해결하는 것이 대통령으로서 나에게 주어진 역사적 사명이다.

최종건 네, 맞습니다. 저는 그 추론이 맞다고 봅니다.

김성회 이런 세계관 안에 있으니까 심지어 일본의 태도에 대해서도 '그 옛날에 김대중과 오부치가 했던 선언에 대한 방침이 바뀌지 않았으니까 이건 사과가 맞습니다.'라고 우리에게 설명을 하는 거죠. 일본 측으로부터 구체적인 사과가 없더라도 '김대중-오부치 선언을 부정하지 않는 것이 사과다.'라는 희한한 입장을 만들어서 이 문제를 매듭짓고, 일본에 가서 기시다 총리를 만나 일본이 하고 있는 경제 제재를 풀게 만드는 수순으로 갈 겁니다. 또 그 과정에서 이미 한국형 인도-태평양 전략을 발표해서 일본의 기분을 흡족하게 해줬고요.

최근에는 지난번에 지소미아 했던 것보다 한 단계 더 업그레이드된 형태로 우리나라에서 탐지하고 있는 북한과 중국에 대한 레이더 정보를 실시간으로 일본에 보고를 해주는 시스템을 만드는 것까지 포함해서 한미일 군사협력 체계를 만들고 있어요. 그러면서 사과 같은 거 필요 없고, 징용공은 대리 변제로 우리가 알아서 할 거라고 나서는 거죠. 이렇게 문제가 해결되면서 일본이 만족을 하면 한미일 군사협력 체제가 공고해지니까 '인도-태평양 지역에서 안보 문제를 해결한 사람으로서 윤석열 대통령 본인이 떠오를 것이다.'라고 상정하고 있는 것 같아요. 여기서 제가 생각해낸 건 하나도 없습니다. 보도에 나와 있는 얘기만 가지고 정리해도 이렇게 된다는 거죠.

최종건 안보실에 있는 사람들의 면면을 보면 일본에 대해 그런 생각을 하고 있을 사람들이 많아요. 이 사안을 짧게 정리하면 민사소송 자체는 우리 정부와는 상관이 없습니다. 피해자들이 민사소송을 통해서 소를 제기한 것이고, 피고 기업 그러니까 징용 기업인 일본 미쓰비시 등이 패소를 해서 배상을 하라는 것인데요. 일본 정부가 기업들을 말리면서 배상을 하지 않고 있죠. 그래서 우리나라에서 자산의 현금화, 즉 우리나라에 있는 미쓰비시 자산들을 현금화하려는 거고요.

이에 대한 일본의 주장은 이런 논리입니다. 배상을 위해 한국 내에 있는 일본 기업의 자산을 현금화하면 한국과 일본의 관계는 끝이다. 그리고 이건 국제법에 어긋난다. 1965년에 한일협정으로 개인청구권이 소멸한 건데 한국이 다 뒤집은 거다. 한국은 정직하지 않은 나라, 거짓말하는 나라다.

김성회 지금 정리하신 내용이 딱 문재인 정부가 생각한 내용들이고, 윤석열 정부와 그 일부 지지자들은 그게 한일관계를 망쳤다고 보는 것 같습니다. 그런 만큼 망가진 한일관계를 복원하고 잘못된 결정들을 원상복귀 시키는 게 윤석열 정부의 역사적 사명이고요.

최종건 이 사안은 그냥 기본만 지키면 되는 일이에요. 사법적 절차를 행정부가 존중하고, 외교적 현안은 외교적 현안대로 해결하는 것이죠. 헌법적 가치를 존중해야 하니까요. 아니 남의 나라가 우리나라 국민들더러 삼권분립도 부정하고 헌법도 훼손하라고 강권할 수는 없는 거잖아요.

김성회 이 책이 나왔을 때는 이미 결론이 나와 있을 겁니다. 일본과 최종적인 협의를 하고 3월 중에 방일해서 윤석열 대통령이 기시다 총리를 만나서 이 문제를 매듭지을 거예요. 그래서 지금 윤석열 정부가 일관되게 취하고 있는 태도는 이건 우리가 배상해주면 된다는 것이죠.

미국 정치학자 로버트 퍼트넘 교수가 국제관계학에서 양면게임 이론이란 걸 제안했습니다. 2개의 레벨에서 작동하는 게임으로 바라보는 건데요, 정부 간의 협상이 있더라도 그 협상은 반드시 그 나라 국민들의 정서를 포함해서 해야 하는 것이지, 자기들끼리 아무리 합의를 해도 그 나라의 국민들이 받아들일 수 있는 수준이 아닌 합의라면 소용이 없다는 내용이에요. 최 교수님이 말씀하신 것처럼 문제는 기시다 총리의 지지율도 워낙 낮기 때문에, 기시다 쪽에서도 양보할 수 있는 게 하나도 없어요. 그러니까 아예 논의를 안 하면 안 했지 양보할 수는 없는 상태인데, 거기다 대고 윤석열 정부가 그쪽 요구

사과 같은 거 필요 없고, 징용공은 대리 변제로
우리가 알아서 할 거라고 나서는 거죠.
이렇게 문제가 해결되면서 일본이 만족을 하면
한미일 군사협력 체제가 공고해지니까
'인도-태평양 지역에서 안보 문제를 해결한 사람으로서
윤석열 대통령 본인이 떠오를 것이다.'라고 상정하고 있는 것 같아요.

안을 싹 다 맞춰주면서 우리 요구를 다 포기하고 있는 겁니다. 일본이 요구하는 원안 거의 그대로를 들어주고 있거든요.

제가 이해가 안 가는 건, 국내에서 반발이 심할 텐데 윤석열 정부는 그 반발을 정말 좌파들이나 민주당의 주장일 뿐 국민들은 그렇게 생각하지 않는다고 우긴다는 점이죠. 하지만 일본과의 협력에는 찬성한다 해도 일본에 굴복하는 모습을 좋아할 보수세력이 있을까요?

사회자 저는 여기서 재미있는 지점이 있다고 봅니다. 지지층의 정서를 어떻게 볼 것인가 하는 문제에서요. 김성회 소장님이 말씀하신 윤 대통령의 그 역사적 사명에 대해 제 또래의 국민의힘 지지층이라면 이해할 수도 있다고 봅니다. 그런데 영남권의 나이 많으신 어르신들은 한국이 일본에게 무릎 꿇고 손들고 반성하는 태도로 갈 때 어떻게 반응할까 하는 것이죠. 문재인 정부 때 한일 무역분쟁으로 일본제품 불매 운동이 일어날 때 영남권에서도 그 운동이 거셌습니다. 국민의힘의 노년 지지층은 그런 종류의 애국심이 있는 사람들인데, 윤석열 정부가 이끄는 대로 다 따라올 것인지 의문이 듭니다.

김성회 어쨌든 꽃피는 봄에 윤석열 대통령이 결국엔 정상회담을 하고 발표를 할 겁니다. 5월에 G7 회의까지 참석하면 국내에서 반발이 거셀 텐데, 그러면 어떻게 상황이 흘러갈지 최종건 교수님의 전망이 궁금하네요. 어쨌든 제 전망은 '무리하게 합의한다.'입니다.

한국을 일본의 하위 파트너로 종속시키는 외교정책

최종건 반발이 거세면 또 다른 걸로 덮으려고 할 겁니다. 왜 이렇게 할 수밖에 없었냐면 한미일 협력이 중요했고, 북한발 위협 때문에 그랬다고 나오겠죠. 그래서 저는 4, 5월이 무척 중요한 시기가 될 거라고 봅니다. 그때는 아마 한미 연합훈련을 강도 높게 할 테고, 서해 지역에서 무슨 일이 일어날 수도 있어요. 연평도에서의 충돌, 연평해전 같은 것들은 다 6월에 일어났습니다(제1연평해전은 1999년 6월 15일, 제2연평해전은 2002년 6월 29일).

저는 꽃게잡이가 걱정되는데요. 우리가 간장게장 좋아하잖아요. 연평도 근처 수역에서 봄은 꽃게를 잡는 계절입니다. 봄에 암게를 잡고, 가을엔 수게를 잡지요. 암게는 제철이 5월에서 6월이에요. 그런데 북한은 북방도서 수역에서 군이 직접 게를 잡습니다. 자력갱생을 해야 하니까요. 지금처럼 남북한 양쪽이 독이 잔뜩 오른 상황에서 어떤 충돌이 있지 않을까 솔직히 걱정이 됩니다. 결국 북한 문제 때문에 어쩔 수 없다, 라는 당위론으로 세게 밀 것이고 그런 방향으로 지지층 여론을 조직할 겁니다.

북한과의 갈등은 잠시 미뤄두고 다시 한일 문제를 짚으면, 저는 기본적으로 이 이슈에서 윤석열 정부 사람들이 지금 한일관계가 무엇이 문제인지, 그리고 우리가 무슨 손해를 보고 있는지를 이야기하지 않는 게 문제라고 봅니다. 그렇잖아요. 한일 관계 때문에 우리가 지금 손해 보는 게 있어요? 소부장 문제 같은 건 우리가 어쨌든 다 헤쳐 나갔거든요. 그래서 지금

굴욕적 합의를 해서라도 원상회복해야 할 무언가가 없습니다.

또 학술적으로 접근하면, 아까 우리가 미국 이야기를 했지만, 미국은 공급망을 친한 국가들끼리 하자고 합니다. 그 친한 국가들이 이미 구축해놨던 한일 간의 반도체 생태계의 공급망은 일본이 먼저 망쳐놓았던 거예요. 그래서 우리도 일본도 중국에 대한 의존이 높아지고, 심지어 일본은 중국으로 우회해서 한국에 수출한 경우도 있고요. 미국 입장에서 따져봐도 잘못한 건 한국이 아니라 일본인데, 우리가 이렇게 굴욕적으로 굴 이유가 있습니까? 미국 앞에서는 지나치게 한없이 작아지는 겁니다.

사회자 이건 윤석열 정부의 사람들 인재 풀의 문제일까요?

최종건 선천적으로 친미적인 사람들이 요직에서 '각하, 어쩔 수 없습니다.'라고 하는 상황이 아닌가 생각합니다. 윤석열 대통령이 이 사안에 대해 깊이 아는 게 있겠습니까? 그런데 이 사안에 대해 공개적으로 원고와 피고라는 개념을 쓰고 있습니다. 보통 정치인이라면 피해자, 가해자, 식민지시대, 이런 어휘를 쓸 거 아닙니까? 그에 비해 윤석열 대통령은 "원고와 피고의 입장이 각자 있고, 국제적인 현안이고, 그러니 슬기롭게 해결을 해나가야 합니다."라는 식으로 말합니다. 문재인 정부가 망쳐놨다는 거죠.

그런데 문재인 정부의 입장은 사법적 조치이니 삼권분립에 의해서 이건 우리가 어떻게 할 수 없다, 단 외교적인 현안이 됐으니 양국 외교부가 현안 해결 방안을 만들어보자는 거였고요. 일본은 거기에 대해 '웃기지 마. 너희 나라에선 행정부가 사법부 누를 수 있잖아. 왜 그런 것까지 나한테 얘기하고 그래?' 라는 반응을 보였어요. 우리는 대통령이라도 사법적 절차를 어기면 감옥도 보내고 탄핵도 시킨 나라라고 아무리 설명해도 믿지를 않습니다. 자기네는 그런 나라가 아니었으니까요.

김성회 미국이 인도-태평양 전략을 구상하는 데 있어서 인도-태평양 지역의 관리자로 일본을 내세우고 한국에게 그와 대등한 위치에서가 아니라 종속적인 위치를 상정하고는 '너희 일본 말 잘 들으면서 지역 안보를 지켜라.'라고 말하는 것에 대해서 문재인 정부는 저항을 했어요. 그래서 인도-태평양 전략이란 말을 쓰지 않은 거고요. 이런 미국의 구도에 대해 윤석열 정부는 저항하지 않고 그래도 좋다는 입장이라고 여겨집니다.

몇 가지 징후로 보이는 것이 아까도 얘기한 것처럼 지소미아 복원 정도가 아니라 레이더 정보를 실시간 공유하겠다는 선언도 했고, 강제 징용공 문제에 대해서도 기시다 총리가 원하는 걸 100% 수용하는 형태로 지금 한일정상회담을 준비하고 있죠. 그러면 결국 일본이 인도-태평양 지역의 맹주가 되고, 우리는 거기서 말을 잘 듣는 나라로 자리매김하고 그를 통해 한미일 군사협력이 만들어지는 것으로 이 문제가 종결된다고 생각해보세요. 이걸 5년 후에 회복할 수 있을지 정말 걱정이 됩니다. 전 상상하기도 싫거든요. 한미일 군사동맹이라는 이름으로 자위대가 동해를 넘나들고 나아가 상륙까지 하는 건 일단 감정적으로도 못 견디겠습니다.

최종건 지금 같은 상황에서 다시 여의도의 역할이 중요한데요. 야당은 입장이 명확해보이는데, 여당의 입장은 무엇일까요? 지금 여당 중 일부 목소리는 정부 입장보다 더 막나가는 돌격대 입장이거든요. 빨리 해치우자는 거죠. 미국에서 망한 네오콘이 한국에서 부활한 걸 보는 기 같이요.

김성회 일본이 3대 안보 전략이라고 하면서 반격권을 선언했잖아요. 요약하자면 우리로부터 넘겨받은 정보에 따라 북한이 자기네들을 때릴 것 같으면 선제공격을 하겠다는 얘기인데 (일동 허탈한 웃음) 중요한 건 일본은 미국하고만 상의하겠다는 겁니다. 그래서 한국 외교부가 '우리와 상의하지 않으면 안 된다.'라고 말하니 일본이 '우리는 한국과 상의할 필요 없고 미국과만 상의할 거다.'라고 말한 상황이에요. 그런데 이에 대해 윤석열 정부가 항의하지 않고 있습니다. 예를 들어 대사를 초치한다는 정도의 행위도 하지 않고 있습니다.

최종건 제가 오늘 논의를 위해 정책 평가 기준을 세 가지로 정해뒀습니다.

첫째, 피스 메이킹, 우리 정부가 한반도에서 평화를 만들고 있느냐.

둘째, 머니 메이킹, 우리의 경제이익을 확장하기 위한 노력을 하느냐,

셋째, 프라이드 키핑, 우리 국민의 자존감을 지키기 위해 노력하느냐,

지금 우리가 하는 얘기가 자존감 얘기입니다. 대통령이 정상외교 나갈 때마다 불안합니다. 한일 관계 회복을 위해 강제징용 문제를 졸속으로 처리할까봐 불안하죠. 대일 외교의 목적이 무엇인지에 대한 의구심이 있습니다. 징용공 문제는 요새 친

구들 표현으로 하면 '존버' 하면 되는 거였습니다. 사법적 기준이 있고 역사적 원칙이 있으니까 그걸 존중하면서 버티면 되는 것이었거든요. 지금 저쪽에서 가장 난리치는 건 주한 일본 기업의 자산을 우리가 현금화하는 것이었는데 그것은 우리가 외교 현안대로 협의해서 해결할 수 있었고요.

피스 메이킹: 한반도에서 평화를 만들고 있는가?

이광수 저는 외교 전문가는 아니지만 외교 정책 역시 우리 사회의 일반적인 경향을 반영한다, 그러니까 사회 전체적으로 의식의 억압과 행동의 억압이 있다고 생각하는데요. 그 가장 큰 출발점은 북한이라고 생각합니다. 미국한테도 당당하게 굴고 싶지만 북한이 있기 때문에 혹시나 하는 부분이 있는 것이고요. 뭔가 잘못되면 또 북한 탓을 하고요. '바이든'을 왜 '날리면'으로 들어야만 하냐면 너희 때문에 미국하고 혹시 틀어져서 북한에게 위협당할 때 책임질 거냐는 식의 얘기가 되니까요. 그래

대통령이 정상외교 나갈 때마다 불안합니다.
한일 관계 회복을 위해 강제징용 문제를
졸속으로 처리할까봐 불안하죠.
대일 외교의 목적이 무엇인지에 대한 의구심이 있습니다.
징용공 문제는 요새 친구들 표현으로 하면 '존버' 하면
되는 거였습니다. 버티면 되는 것이었거든요.

서 저는 결국 주체적인 외교를 위해서라도 남북문제 해결이 대단히 중요하다고 생각합니다. 우리가 북한과 교류가 활발하고 관계에 문제가 없으면 일본에 대해서도 훨씬 당당할 수 있는 거고요. 중국과의 관계에서도 여지가 더 넓어지지 않을까요.

사회자 주제가 자연스럽게 피스 메이킹 얘기로 넘어가는 것 같네요.

최종건 피스 메이킹 차원에서 한 번 볼게요. 외교·안보의 기본은 안으로는 외교·안보 역량이든 국방력이든 키우기 위해 노력하는 겁니다. 그리고 밖으로는 위협을 줄여야 전체적인 외교 역량이 늘어날 수 있게 되죠. 그래서 한미동맹이 중요하고요. 그런데 요즘 많이 나오는 '확장억제력을 강화했다.'라는 발언은, 교과서적으로 얘기하면 미국에서 더 많이 나와야 합니다. 왜냐하면 그들이 제공하는 쪽이고 우리는 수혜자니까요. 확장억제력이 강화됐다고 수혜자인 우리가 자꾸 얘기하면 듣는 북한 입장에서는 신뢰성이 없죠.

그리고 지금 대북정책이 완전히 중단되어 있는 상황입니다. '담대한 구상'이라잖아요. 이건 상당히 이상합니다. 앞에 뭐가 없어요. '담대한 평화 구상'이든 '담대한 억제 구상'이든 내용이 있어야지요. 그냥 '담대한 구상'이에요. 우리가 어떤 정책의 브랜드 네임을 정할 때 형용사와 명사만 딱 붙어 있는 경우는 없습니다. 명사가 정책을 설명해야 하잖아요. 내 정책이 평화정책인지 압박정책인지 표현이 되어야 하는데, 정책도 아닌 것을 구상이라고 내놓고 그 앞에 형용사로 '담대한'이란 말이 있습니다. 담대한지 아닌지는 관찰자가 정하는 것이거든요. 자기들이 담대하다고 자평하는 건 이상한 거죠. 영어로도 '어데이셔스 이니셔티브'(Audacious Initiative)라고 쓰던데, 역시 이상합니다.

저런 걸 던져만 놓고 남북관계 개선을 위해서는 아무것도 하지 않고 있습니다. 그러면서 한미일 협력만 강화하고 한중관계는 불투명해졌고요. 동남아 지역에 대한 독자 외교는 신남방정책을 폐기하고 인태 전략으로 귀속하면서 실종됐죠. 문재인 정부의 대북정책을 한반도 평화 프로세스라고 하는데 이 한반도 평화 프로세스는 사실 보통명사입니다. 비난하는 사람들은 이걸 고유명사라고 주장하지만, 한반도 평화 프로세스라는 용어는 보수정부에서도 많이 썼습니다. 노태우 정부도 한반도 평화 프로세스를 시행했다고 말할 수 있거든요.

김성회 문재인 정부 때 외교·안보 정책을 담당하셨으니까 교수님께 피스 메이킹에 대해 비판적으로 고찰할 지점은 없는지 질문 겸 의견을 말씀드리고 싶습니다. 저는 하노이 회담 이전까지는 문재인 정부의 방향이 맞았다고 생각합니다. 정말 열과 성을 다해서 대북관계 개선을 추진한 건데요. 그것이 천운이 받쳐주지 않아서 안 됐다고 보든 미국 네오콘의 방해 때문이라 보든, 여하튼 하노이 회담의 결렬 이후 저는 완전히 다른 국면으로 접어든 측면이 분명히 있다고 봅니다.

그 이후부터 최근까지 나왔던 김정은의 여러 가지 발언을 보면 한국에 대한 직접적인 공격을 명시하는 발언들이 몇 차례 있었습니다. 이전까지와는 양상이 전혀 달라진 거죠. 핵개발 초기만 해도 우리 혹은 외부를 공격하기 위한 게 아니라 자체적으로 전기가 없어서 저러는 게 아니냐고 생각했죠. 다음에 농축 우라늄을 가지고 핵무기를 개발할 때는 '자기 나라를 지키기 위한 자위권의 개념이다, 혹은 미국과 협상하려는 거지 우리를 공격하려는 목적은 아니다.'라고 말하기도 했죠. 그런데 이제는 북한이 사실상 한국에 핵 공격을 할 수 있다는 직접적인 압박을 하고 있어요. 그러니까 민주당 정부가 꽤나 오랜 기간 동안 주장해왔던 남북 간의 평화 협상이란 게 지금도 유효한지, 남북한의 평화 프로세스를 만들어가는 것이 지금도 가능하다고 보시는지 궁금합니다.

최종건 같은 방법으로는 안 되죠. 왜냐하면 하노이 회담 때가 북한이 소위 비핵화라는 시장에 내놓은 북한 핵의 가격이 가장 쌀 때였습니다. 그런데 김정은 입장에서는 미국이 구매하지 않은 겁니다. 제대로 구매하지 않고 오히려 가진 걸 다 내놓으라고 했죠. 북한 입장에서 빅딜은 일단 영변부터 시작해야 되는 것인데, 미국의 입장에서 빅딜은 다 내놓으라고 하는 거라서 서로 맞지가 않았어요. 이제 똑같은 방식으로는 안 될 겁니다.

지식사회가 됐든 정치계가 됐든 북한 때문에 뭐가 안 되는지를 많이 얘기하지 않습니까? 그럼 북한을 어떻게 관리하고 비핵화할지에 대해 진지한 논의가 필요한데요. 지금은 그 논의는 없고 '문재인 정부 때문에 망했어.' '평화가 쇼였어.'라는 식으로 굴면 문재인 정부 때 5년간 기울였던 노력, 해왔던 방식이 다 사장되는 겁니다. 제 생각에는 김정은을 다시 세상 밖으로 끄집어내서 비슷한 형태로 대화를 해보려면 그야말로 더 담대한 제안, 북한이 거부하면 손해를 본다고 생각할 만한 제안을 내세워야 할 것으로 봅니다.

사실 저로서도 무엇이 효력을 미칠 수 있을지는 아직 모릅니다. 그리고 또 다른 측면을 보면, 하노이 회담이 결렬된 것이 2019년 2월 28일입니다. 여기 있는 분들의 이해를 위해 간단히 도식화하자면 한국 정부 인사들 앞에서 그렇게 활짝 웃던 김정은과 김여정이 4개월 남짓 조용하다가 대단히 강한 메시지를 내기 시작합니다. 이 부분을 우리가 분석한 결과로는 내부에 있는 강경파를 진정시키기 위해 김여정이 남한을 비난하는 총대를 맨 것으로 이해합니다. 왜냐하면 김정은이 반드시 성공한다고 했던 일이 실패로 돌아간 것이거든요. 그 실행라인의 맨 앞에 김여정이 서 있었고요. 그러면 누군가 책임을 져야 합니다.

김여정이 일반 관료였다면 거기서 날라갔을 겁니다. 그런데 여동생이니까 날릴 수가 없어요. 그래서 김여정이 총대를 메고 맨 앞에 나와서 남한을 비난하는 메시지를 냈고, 그런 와중에 대북 풍선이 날아갔고요. 그걸 보고 '에라 잘됐다.'라는 생각에 김여정이 다시 강한 메시지를 낸 다음에 연락사무소를 폭파시킨 것이라고 봅니다. 저는 그 사람들을 옹호할 이유가 없지만 내부의 과정을 보면 그들도 살기 위해서 그러고 있는 겁니다. 남북연락사무소를 폭파시켰다고 우리도 같이 강경책으로 선회했어야 하느냐는 문제는 쉽지 않습니다.

사회자 하노이 회담의 실패는 우리로서는 정말 뼈아픈 일인 것 같습니다. 그 이후로는 계속 서로 강공 드라이브만 건 것 같고요. 당시 남북관계를 개선시킬 만한 다른 여지가 없었을까요?

최종건 중요한 것은 하노이 회담 결렬 이후에도 우리가 2019년 6월 30일에 미국 트럼프 대통령과 북한 김정은을 판문점에서 만나게 해줬습니다. 밖에서 볼 때엔 한반도 평화 프로세스가 결정적으로 하노이 회담 이후로 중단된 것으로 보이지만, 실질적으로 중단된 것은 코로나 때문이었습니다. 하노이 회담 이후 1년쯤 후에 팬데믹이 본격적으로 번졌어요. 북한이 어느 정도 내부 정리를 끝낸 후에 다시 밖으로 이끌어낼 수 있는 시간이 코로나로 인해서 물리적으로 닫혀 버린 겁니다.

북한이 핵을 가지고 있으니 첨단 과학이 발달한 국가로 보이지만 방역 측면에서 보면 미얀마나 세네갈보다도 상황이 안 좋은 국가입니다. 조류 독감이나 메르스, 사스 사태 등이 터질 때마다 6개월에서 8개월가량 그냥 국가를 닫아버립니다. 지금도 닫아 걸고 있어요. 북한에 들어갔다 나왔다 하는 비행기가 지금 없습니다. 그러니까 바깥 협상의 무대로 이끌어낼 수가 없는 겁니다. 심지어 중국에 있는 북한 대사도 단동에서 신의주까지 걸어서 돌아왔습니다. 2년간 그런 상황이 펼쳐지니 물리적으로 나오게 할 방법이 없었어요. 천추의 한이죠.

아까 김성회 소장님 질문에 대해 답변을 드리자면 이건 생각을 좀 해봐야 할 문제입니다. 북한은 정말 막무가내로 변할 수 있습니다. 대외적 메시지의 측면에서요. 그런데 정말 그들의 속내를 알려면 '왜 그러는데?'라고 물어볼 정도의 관계는 있어야 해요. '너희들 도대체 왜 그러는데?'라고 물어보기는 해야 하는 거죠. 물어보는 것 자체는 서로 친하다는 그런 것이 아니라 관리하기 위해 소통하는 걸로 봐야 합니다. 관리와 소통은 정쟁의 영역이 아니라 정책의 영역이어야 하고요.

그런데 요즘은 북한에게 물어보거나 북한발 메시지를 우리가 분석하는 게 아니라, 워싱턴에 전화해서 미국에게 물어봅니다. 그러면 워싱턴에서는 〈조선일보〉 기사 번역판을 보고 설명을 한다고 합니다. 황당한 일이죠. 우리 정부가 우리 분석을 먼저 내놓을 수 있어야죠.

한국이 자체 핵무장을 할 수 있을까?

김성회 미국 입장에서 한반도 문제는 그렇게 중요한 문제도 아니고, 외교에서 우선순위도 밀리기 때문에 전문가의 숫자도 굉장히 한정돼 있습니다. 그들이 인용하는 매체나 연구자들도 한정되어 있어서 우리가 거기다 어떤 정보를 제공하는가에 따라서 결과가 많이 달라진다고 봅니다. 이 문제에 관해 제 의견을 두 가지만 말해보겠습니다.

첫 번째로 북한은 이미 자기들을 핵보유국으로 인정하고 이 문제를 핵군축의 문제로 바라봐달라고 요청하고 있는 상태입니다. 저는 민주당과 국민의힘이 이것을 현실로 받아들일 것인지 양당의 정치적 입장을 정확히 설명해야 될 때라고 봅니다. 저는 이게 정치적으로 풀어야 될 문제의 하나라고 보고요. 두

북한은 정말 막무가내로 변할 수 있습니다.
대외적 메시지의 측면에서요.
그런데 정말 그들의 속내를 알려면 '왜 그러는데?'라고
물어볼 정도의 관계는 있어야 해요.
물어보는 것 자체는 서로 친하다는 그런 것이 아니라
관리하기 위해 소통하는 걸로 봐야 합니다.

번째는 홍준표 대구시장 류의 핵무장론의 문제인데요. 저는 북한이 앞으로 5년, 10년 안에 비핵화하는 세상이 올 거라고 보지는 않습니다. 그렇기 때문에 핵무장, 한반도 비핵화에 대해서 우리나라는 어떻게 입장을 정할 것인지 근본적인 질문을 다시 해야 되는 상황에 왔습니다.

1991년에 결정된 한반도 비핵화는 노태우 대통령과 북한의 김일성 주석이 기본 합의서를 채택하면서 남북이 함께 만들어낸 업적인 게 사실입니다. 하지만 거시적으로 보면 미소 양측의 결단이 그 업적을 이끌어냈다고 봐야 합니다. 1991년 7월 미소 간에 체결된 '전략무기감축조약'(START-I)에 기반해 전 세계의 전술핵을 철수하는 과정에서 부시 대통령이 한국의 전술핵도 철수시킨 결과로 비핵화 선언이 이루어지게 된 거니까요. 그런데 지금 2023년에 북한이 저렇게 핵무장을 하고 있는 상태에서, 우리가 그 당시의 '반전 반핵'(기본 합의서 채택 이전) 혹은 '비핵화'(기본 합의서 채택 이후 지금까지)와 같은 낡은 담론을 그냥 유지하는 채로 갈 것인가에 대해 정치권이 근본적인 질문을 다시 던져야 한다고 생각합니다.

최종건 일단 홍준표 대구시장을 비롯해 핵무장이나 핵개발 주장들에 대해 저는 계속 이렇게 얘기할 겁니다. 차라리 아이언맨을 만들어라. (일동 웃음) 왜냐하면 그래야 NPT 비확산 규정에 안 걸리니까요.

우리나라에 25개의 전략 발전을 위한 원자로가 있어요. 그중 한두 기는 거의 실험용에 가까운 경수로죠. 여하간 이 원자로에 들어가는 원료는 미국의 통제하에 수입을 합니다. 만약 우리가 핵 욕망을 드러내고 핵을 만들거나 그에 근접한 기술을 보유하려고 하는 순간 원료 수입을 못하게 될 거예요. 자동적으로 탈원전화가 진행되는 거죠. 그만큼 극단적인 얘기라는 걸 제가 말씀드리고 있는 겁니다. 원자력 발전은 아직도 우리나라 전력 생산의 30% 가량을 차지합니다. 여름에 조금 세게 돌릴 때는 41%까지 간다고 하죠. 지금도 전기값이 올랐다고 난리인데 감당할 수 있겠습니까?

그리고 지금 핵을 만들 수 있는 기술까지 가려면 두 가지가 필요합니다. 고농축을 해야 되고요. 생산하는 사용 후 연료를 플루토늄으로 만들어야 해요. 소위 재처리 시설인데 그걸 수입할 수는 없고, 우리가 만들려면 시간이 좀 걸립니다. IAEA가 발견하기에 충분할 만큼의 시간이 걸리는 거죠. 핵을 핵으로 막자는 논리는 한편 북한의 논리고 핵보유 국가들의 전형적인 주장이에요. 북한도 미국이 핵을 가지고 본인들을 위협하니 자위용으로 가지려고 한다고 말합니다. 그리고 마지막으로 구체적인 약속 문제는, 미국은 지금 '이것보다 더 구체적인 약속을 어떻게 해!'라고 말하고 있습니다. 미국 얘기도 일리가 있는 것이, 주한미군을 여기다 갖다 놨지 않느냐는 거예요.

사회자 전쟁이 나면 자동으로 주한미군이 개입된다는 점에서 인계철선이라고 표현하기도 했죠.

최종건 저는 주한미군 주둔에 대해선 필수적이고 필연적이라고 봅니다. 어쨌든 미국은 주한미군이 여기에 있는데 어쩌란 말이냐고 하는 거죠. 저는 우리가 던져야 할 근본적인 질문은, 'NPT 체제를 수호하자고 하는 보편적 언어를 벗어나야 할 이유가 있는가.'라고 봐요. 보편적 언어를 벗어나면 큰 손해를 보게 되는데, 벗어나야 할 이유가 있느냐는 거죠. 우리가 북한을 대할 때나 글로벌 외교에서나 정통성이 사라지면 할 수 있는 것이 오히려 줄어듭니다. '우리도 핵을 한 번 고려해야 하지 않나.'라고 하는 순간 국제무대에서 왕따가 될 겁니다. 우리 모두 잘 알잖아요. 이미 그 길을 갔던 나라, 바로 북한의 길을 가는 겁니다. 북한이 NPT 체제를 처음으로 탈퇴한 나라거든요. 우리가 탈퇴하면 우리가 두 번째가 되는 겁니다. 국제사회에서 '코리아스'라는 사례로 남겠죠. (일동 웃음)

자, 여기서 현실적인 부분을 한번 생각해보지요. 예를 들어 우리나라에서 저준위가 됐던 고준위가 됐든 방폐장 만드는데 시간이 얼마나 걸릴까요? 우리나라에 님비 현상이 있지 않습니까? 사용 후 핵연료를 저장하겠다고 하면 동네 사람들이 다 막아설 겁니다. 그리고 그런 걸 다 이겨냈다고 칩시다. 어디서 핵실험을 합니까?

사회자 얼마 전에 미국 학자 한 분도 한국 상황을 잘 아시는지 정확히 그런 말씀을 하셨더군요. 우리는 사막도 오지도 먼 바다도 없으니까요.

최종건 생각해보세요. 동해바다에서 핵실험을 할 겁니까? 실용성은 논외로 하더라도 그러면 우리가 방금 직전에 논의했던 비핵화는 이제 추구하지 않는 거냐는 의문이 듭니다. 한반도 비핵화가 그렇게 쉽게 포기해도 되는 가치인지 의심스럽다는 거죠. 그런데 핵을 만드는 순간 비핵화의 가치는 그냥 사라지는 겁니다. 아니 일단 만들어본 뒤에 포기하려고 핵을 만드는 경우는 없을 거잖아요. 한 번 가지면 놓지 않겠죠. 저부터라도 대한민국이 핵을 가지고 있다면 그걸 놓자고 안 합니다.

사회자 그 사이에 경제제재는 이미 다 당했을 테고요.

최종건 저는 이 부분에서 공세적인 입장을 계속 취하고 있는데요. 만약 핵무장론이나 핵개발로 미국을 설득했다고 칩시다. 그럼 러시아랑 중국은요? 그 핵이 자기네를 향할지도 모르는데요? 독일, 프랑스, 영국은 또 어떨까요? 아마 그 나라들도 한국이 핵을 보유하겠다고 하면 엄청나게 제재를 가할 겁니다.

사회자 한국의 독자적인 핵무장, 핵보유는 사실상 미국을 비롯해 국제사회가 용인하지 않는다는 차원에서 추진하기 어렵다고 생각합니다. 일부 정치인들이 국민들을 자극하느라 현실성 없는 발언들을 하는 거죠. 그보다는 북한의 추가 핵실험 여부라든지 이후 북한의 움직임은 어떻게 예측할 수 있을까요?

최종건 북한의 추가적인 핵실험설은 작년 2월부터 계속 나왔습니다. 저는 공개적으로 안 할 것이라고 계속 예측해왔고요. 왜냐하면 중복성 문제 때문에 그래요. 지금까지 할 만큼 다 했습니다. 가령 5차 핵실험의 의의는 핵의 소형화, 다종화, 다기화에 있습니다. 전술핵을 작게 만들고, 여러 군데에 탑재시킬 수 있는 것으로 만들고, 여러 형태의 핵무기를 만들 수 있게 됐다는 거죠. 그리고 2017년 9월에 했었던 게 마지막 6차 핵실험인데 이때 수소폭탄을 실험했습니다.

보통 핵실험의 거의 마지막 단계에 하는 게 수소폭탄입니다. 일본 히로시마와 나가사키에 떨어진 원자폭탄은 고농축 우라늄이거든요. 그다음부터는 플루토늄으로 갔다가 소련이 미국보다 먼저 트리티움이라고 하는 핵물질을 만들어서 수소폭탄에 진입하죠. 그런데 북한이 이걸 했다는 거예요.

전문가들이 왜 북한이 핵실험을 할 거라고 주장하냐면 폐기했다는 풍계리 핵실험장에서 자꾸 움직임이 보인다는 겁니다. 문재인 정부도 그걸 보긴 봤습니다. 3번 갱도는 한 번도 핵실험을 하지 않은 곳인데 거기에 자꾸 흙이 나오고 사람이 들어가고 정리를 하고 이런 모습이 보였습니다. 문재인 정부는 그걸 북한이 미국에 대해 보내는 전략적인 시그널로 이해했습니다. 왜냐하면 제 생각에는 핵실험을 하려면 부가가치가 필요하거든요. 풍계리는 원산에서 위로 100km쯤 떨어진, 중국과 가까운 곳입니다. 핵실험을 하면 굉장한 파장이 있을 텐데, 그걸 감안하고 하려면 엄청 큰 핵실험을 할 거예요.

저는 아직도 북한이 어떤 전략적인 순간에 핵실험이란 카드를 꺼낼지 잘 상상이 안 갑니다. 대신에 저는 북한이 아주 많은 미사일을 쏠 거라고 봤어요. 왜냐하면 그게 더 자연스럽거든요. 지난 1년 동안 실제로 미사일을 많이 쐈는데, 저는 1년 전부터 그렇게 얘기한 거죠. 학교로 복직한 이후에 남들이 핵실험을 예상할 때 저는 거듭 안 할 거 같다고 공개적으로 얘기했습니다. 올해라고 뭐가 달라지겠느냐 하는 생각이 있습니다.

만약에 핵실험을 하려고 한다면 좀 더 강한 정치적인 메시지가 필요할 겁니다. 중복되지 않은, 차별적인 정치적 메시지가 있어야 해요. 비유하자면 신용불량자라고 딱지가 붙어 있는 사람이 또 카드놀이를 하는 것에 해당하거든요. 핵실험은 마지막 극강의 카드라서 지금 써버릴 것 같지는 않아요. TV에 다른 분들이 나와서 자꾸 핵실험을 할 거라고 하니까 제가 좀 쫄리

기는 합니다. 언제가 됐든 핵실험을 하면 그 동안 핵실험을 하지 않은 시간이 아무리 길어도 그 전문가들은 결국 자기네 말이 맞았다고 얘기할 테니까요.

만약에 3개월 후에 북한이 핵실험을 한다면 전문가들은 자기 말이 맞다고 하겠지만, 제 관점에선 오히려 왜 1년 반 동안 핵실험을 안 했느냐가 더 중요한 문제인 거죠. 한미일이 매우 강력하게 북한을 위협하는 무슨 훈련을 한다거나, 매우 강력한 제재가 들어간다거나 그런 것에 대한 정치적 반응으로 핵실험을 하는 것은 가능할 겁니다. 핵실험이란 게 북한 입장에서도 획 날려버릴 수 있는 그런 카드는 아니거든요. 이런 게 정세적 판단인 거죠.

아마추어 정부가 안보라는 공공재를 훼손하는 방법

사회자 북한과는 핵문제라는 큰 이슈가 있지만, 최근엔 무인기 사태를 비롯해 작은 이슈들이 계속 쌓이는 느낌입니다. 군사적 도발이 쉬워진 게 아닌가 그런 걱정이 들기도 하는데요. 보수정부에 맞춰 서로 군사적 위협을 과장하는 체제 안정의 목적인 걸까요?

최종건 일단 현 정부는 무인기 도발 등에 대해 미숙하게 대응했어요. 그러면서도 전 정부 주요 인물에 대한 사법처리에 급급했습니다. 아시다시피 서훈, 정의용 같은 사람들이죠. 이건 상당히 안 좋은 접근이에요. 북한 입장에서는 이걸 어떻게 볼까요? 자기네들과 협상했던 사람들을 감옥에 보내버리면, 현 정부에서 협상하는 사람들도 나중에 그렇게 될 수 있단 생각을 하게 되겠죠? 그래놓고 북한과 협상하면 북한이 우위에 선 느낌으로 협상하거나, 될 일도 안 될 거라고 생각할 수 있지 않을까요? 그런 점에서 대북 시그널 차원에서도 안 좋다고 봤습니다.

저는 윤석열 정부 들어 공공재로서의 대한민국 안보가 저하됐다고 생각합니다. 훈련의 횟수는 엄청 늘었는데, 저쪽에서 쏘는 미사일은 더 많습니다. 심지어 서울 상공을 최첨단과 거리가 먼 시속 100km 이하로 날아다니는 무인기가 다 교란을 해버렸으니 그렇지 않아요? 훈련은 우리나라 안보를 강화하기 위한 것인데, 훈련을 늘렸는데 왜 더 불안해지냐는 거죠.

사회자 무인기가 넘어왔을 때 공군을 출격시키면서 '꼭 한 대는 격추시켜라.'라는 식의 명령을 내렸다는 얘기가 나왔죠.

최종건 시속 100km로 날아가는 조그만 비행기, 우리 앞의 이 식탁만한 비행기를 전투기가 잡기는 어렵습니다. 전투기는 그 속도로 날아가면 추락합니다. 그래서 급하게 연습기를 출격시켰는데, 연습기도 날지 못하고 떨어졌죠.

사회자 무인기를 통해 뭔가 엄청나게 미숙하다, 우리나라의 군사적 대응이란 게 이 정도밖에 안 되나, 이런 느낌을 받았습니다. 너무 허둥대는 것 같았어요.

최종건 군사적 대응이 미숙한 것도 문제지만, 더 중요한 건 우리가 북한에 보내는 메시지 측면에서도 미숙하다는 겁니다. 북한은 두 가지로 나눠서 봐야 합니다. 우리한테 도발하는 북한에 대해서는 세게 대응해야 하죠. 하지만 우리하고 대화를 하게끔 만드는 북한도 필요해요. 그런데 지금은 전자만 있고 후자가 없어요. 너무 편중되어 있죠.

바이든 정부는 트럼프 정부를 비판했지만 싱가포르 선언은 계승한다고 했고 한반도 비핵화를 계속 얘기하고 있으며 그걸 공식 문건에 담았거든요. 그런데 윤석열 정부는 아직도 현직에 있는 김정은이 우리 대한민국 대통령과 서명한 판문점 선언, 또 9·19 평양 공동선언에 대한 입장은 없고 그것을 만든 사람들을 사법적으로 처리하고 효능 정지하는 데에만 관심이 있어 보입니다.

김성회 그건 그들 입장에선 정확히 할 일을 하고 있는 거예요. 문재인 민주당 정부가 주사파 정부였기 때문에 북한과 내통을 해서 이 문제를 여기까지 키웠다고 생각하고, 남북 간에 체결

윤석열 정부 들어 공공재로서의 대한민국 안보가 저하됐다고 생각합니다. 훈련의 횟수는 엄청 늘었는데, 저쪽에서 쏘는 미사일은 더 많습니다. 심지어 서울 상공을 최첨단과 거리가 먼 시속 100km 이하로 날아다니는 무인기가 다 교란을 해버렸으니 그렇지 않아요? 훈련은 우리나라 안보를 강화하기 위한 것인데, 훈련을 늘렸는데 왜 더 불안해지냐는 거죠.

한 협정이나 남북 관계 해결을 위한 문재인 정부의 노력을 척결하는 작업을 지금 하고 있는 거죠. 그것을 전면적으로 무력화시키는 것 외에는 역사를 정상화시킬 수 있는 방법이 없다고 보는 거예요. 이건 제 해석이 아니라 윤석열 대통령이 후보 시절에 한 주장을 통해서 알 수 있는 세계관입니다.

최종건 그런데 그 척결을 너무 전방위적으로 쥐 잡듯이 하니까 타깃이 된 사람들뿐만 아니라 공무원 전체가 움직이질 않게 됩니다. 일단 문재인 정부 때 자기랑 같이 일했던 상관들이 여론재판과 정쟁에서 심판의 대상이 되어 있잖아요. 이러면 시스템이 작동을 할 수가 없습니다. 관료 사회에는 항상 어떤 상황이 발생했을 때 대응하는 프로토콜이란 게 있거든요. 이건 역대 정부들에서 만들고 조금씩 고치고 보완해서 온 것일 테죠. 그런데 이 프로토콜 자체를 부정하고 까버리니까 시스템이 무너지는 거예요. 외교·안보 쪽 공직자들은 보건복지 정책 관련 공무원들보다 국내 정세에 더 민감합니다. 항상 정권이 바뀔 때마다 가장 먼저 바뀌는 게 외교·안보 정책이기 때문입니다. 장군들이 자기 출세에 민감한 거랑 같아요.

군도 존중해야 하고, 외교부 관료들도 존중해줘야 하는데 누구누구랑 친하고 무슨 정책을 담당했다고 해서 그냥 날려버리잖아요. 지금 제가 알고 있는 이들 중에서 날림당한 사람들만 몇 명이 넘는데, 심지어 과장급까지 있습니다.

대통령이 해외에 나갈 때마다 불안한 국민들

사회자 정책의 일관성이 없고, 정책을 담당하는 사람들을 정치적 입장으로 갈라치기해 공격하면서 정책 수행이 마비되고 있다는 말인데, 앞으로가 너무 걱정됩니다. 다른 분야들도 마찬가지지만 특히 외교·안보 국제 분야에서 이 정부는 아주 아마추어적이라고 보이는데 그 부분을 진지하게 다룬 미디어는 별로 보이지 않는 것 같습니다.

최종건 아마추어적인 것의 문제에서 제가 짚고 싶은 대목은 정상 외교의 불안감 팽배입니다. 해외에 나가기만 하면 이런저런 사고를 치니까요. 대통령의 언행으로 국가 품위를 손상 중인 것이죠. 해외 언론은 이미 한국 대통령을 내놓은 사람 취급합니다. 정말로 기본이 안 된 사람으로 이미 인지하고 있기 때문에 별로 보도를 안 합니다.

김성회 다행이라고 해야 하나요? 대통령이 아무리 언어적 실수를 해도 한국의 외교적 결례로 보기보다는 대통령이 이상한 사람일 뿐이지 한국이 저런 정책을 취할 건 아니라고 생각할 수 있으니까요.

최종건 그래도 대통령의 말은 곧 대한민국의 대외적 시그널인데 매우 불안하죠. 트럼프가 말을 막하면 그게 미국의 외교 정책이냐 아니냐 하는 문제와 비슷합니다. 한국 정도의 나라가 되면 그 나라 지도자의 언어 사용과 표현이 매우 정교하게 해외언론을 통해서 나가야 합니다. 그래야 우리가 얘기하고 싶은 외교적·경제적 시그널이 발송되죠. 그런데 지금은 불안하잖아요. 윤석열 대통령이 하는 얘기는 주어와 서술어, 목적어가 다 따로 놀아서 무슨 말인지 알기가 어렵습니다. 그리고 또 강하게 얘기할 때는, 너무 황당하게 들리잖아요. 그러니까 제가 판단하기에는 해외 언론에서는 이건 안 되겠다고 봤다는 거고, 이 상황은 한국에 매우 안 좋다고 생각합니다.

김성회 트럼프 대통령이 하는 얘기는 막 나가고 공격적인 말이라고 하더라도 철저하게 계산된 영역 안에서 하는 말이고, 윤 대통령은 정말 아무 생각 없이 하는 얘기인 것 같아요.

최종건 후자는 동의하는데 전자는 사례마다 다릅니다. 그리고 이게 더 중요한 거 같아요. 우리나라의 민주주의와 거버넌스에 대해서 의구심이 팽배해졌다는 것이 진정한 문제인 것 같습니다. 맨날 헌법이니 자유니 얘기하는데 일본 징용공 문제 해결하는 방식을 보세요. 반헌법적이고 자유는 오간 데 없습니다. 그다음에 핵무장을 하자고 하는데 이건 국제법 준수의 문제죠. 또 한국 언론 자유에 대한 국제적 평가도 하락하는 중입니다. 한국이 외국에 대해서 자랑스럽게 얘기해왔던 성취들이 전부 흔들리거나 무너지고 있어요. 고위 공무원들을 막 구속시키고 정치적 판단을 사법부의 판단에 맡겨놓은 것 역시 보편적 관점에서의 민주주의와 거버넌스의 문제라고 볼 수 있습니다.

마지막으로는 대통령과 대통령 부인의 사적 욕망들이 지금 애매한 영역에 있습니다. 공사 구분을 못하고 있습니다. 김건희 여사가 처음에 스페인 갔을 때 민간인 태웠던 문제부터 시작해서 이런 문제들은 점점 더 심해질 것 같아요.

사회자 첫 번째 주제 외교·안보 분야에서부터 나라 걱정이 태산이 되고 말았습니다. 이쯤에서 마무리 발언을 한번 해주시죠.

최종건 외교·안보와 관련해 저는 올해가 진보와 퇴보의 갈림길이라고 봅니다. 한반도 평화가 무너질 수도 있고요. 우리가 가지고 있는 역사적 주권이 징용공 문제로 박살이 날 수도 있을 것 같습니다. 경제 문제도 좋아질 여지가 별로 보이지 않죠. 윤 정부는 한미동맹과 한미일 협력 강화라는 기조에만 신경을 쓸 겁니다. 그런데 대북 압박 정책을 강화하면서 대중국 관계를 관리하기는 어려울 거 같아요. 저는 지금까지는 이걸 별로 중요하게 생각 안했는데요. 중국은 중국대로 그냥 어영부영 관리가 되겠지 생각했는데 기업하는 이들이 난리입니다.

약간 보수적인 성향을 가지고 있는 제 후배가 이런저런 중소기업을 경영하고 있는데 3년 동안 중국을 못 가봤다고 합니다. 코로나19 봉쇄조치 때문에요. 그런데 이번에 가려고 했는데 갑자기 상호 단기 비자 동결 등 보복 조치가 뜬 겁니다. 그래서 정말 황당해하고 있어요. "형, 지금 코로나는 2년 전 코로나와 달리 감기라고 봐야 하는데 우리가 이렇게 막아버리면 어떻게 해요?"라고 말합니다. 게다가 얼마 전에 통계를 보니까 이번에 중국에서 들어오는 사람들 중에 확진자는 2% 정도라고 합니다. 국내 발병자보다 더 낮은 비율이죠. 이런 이유들, 너무나 쉽게 사용하는 혐중처럼 보이는 정책들로 인해 대중국 관계 관리가 굉장히 어려울 것으로 예상합니다.

사회자 저는 비자 발급 중단 조치가 문재인 정부 때 중국인 입국 금지를 안 해서 코로나 대응에 '실패'한 것이라는 극우 유튜버들의 논리를 따라간 걸로 봅니다. 우리 윤석열 정부는 중국인 입국 금지 정도는 할 수 있다는 걸 과시한 걸로요.

최종건 동의합니다. 그런데 문재인 정부 때 중국에서 국내로 돌아오는 우리 교포들을 막을 수는 없는 일이었거든요. 어쨌든 제 결론은 이 정부의 외교정책은 한편으로는 이율배반의 연속이고, 또 다른 한편으로는 사자성어로 우이독경 수준이라고 생각합니다. 사실은 서로 모순되는 것들이 아무렇지 않게 함께 이야기되고, 어떤 사안에 대해서도 전문가나 경험 많은 관료, 지식인들의 이야기를 들으려고 하지 않아요. 답답한 일입니다. 이상입니다.

2부 교언영색

巧言令色

말을 교묘하게 하고
얼굴빛을 꾸민다

이광수

애널리스트.
1974년생. 부동산 시장과 건설산업 그리고 경제를 분석한다.
수차례 베스트 애널리스트에 선정되었다. 국내 애널리스트로는 처음으로 레피니티브(Refinitiv, 구 톰슨로이터)에서 수여하는 'Analyst Awards 아시아 최고 애널리스트(Overall Top Stock Picker)'를 수상했다.
〈매일경제〉〈한국경제〉 등에서 베스트 애널리스트로 선정되었고, '광수네 복덕방' 레포트를 통해 많은 사람들과 부동산과 투자 그리고 경제에 관해서 소통하고 있다. 지은 책으로 《집이 온다》, 《코로나 투자 전쟁》(공저), 《골든 크로스》(공저), 《2020 리츠가 온다》(공저), 《서울 부동산 경험치 못한 위기가 온다》, 《흔들리지 않는 부동산투자의 법칙》 등이 있다.

경제 분야는 현 정권 1년 동안 보여준, 또 앞으로 예고된 경제정책들을 하나씩 살펴보면서 이야기를 해보려 합니다. 먼저 부동산 시장 정책을 다룰 텐데, 한국에서 부동산은 굉장히 민감하고 또 중요한 문제입니다. 우리나라에서 부동산이 중요한 이유는 개인 가계 자산에서 거의 70% 이상을 차지하기 때문이죠. 자산 비중이 크니 부동산 시장 환경에 따라 민심이나 표가 크게 요동칠 수 있고 정치적으로 굉장히 중요한 이슈입니다.

문재인 정부가 부동산 문제 때문에 지탄을 많이 받았고 선거에도 영향을 주었다고 생각하는데, 거기에 정책의 책임이 어느 정도인가에 대해 논의가 필요하지 않나 생각합니다. 당시 전 세계적으로 유동성이 확대되고 금리가 인하되는 상황에서 각국의 부동산 가격이 인상됐는데, 유독 한국에서만 더 문제가 됐고 또 정책과 관련된 잡음이 대단히 커진 측면이 있습니다. 그래서 그 부분에 대해 우리가 다시 한 번 복기할 필요가 있다고 봅니다. 쉽게 말해서 정책이 문제를 키운 부분도 있지만 그 영향력에는 한계가 있지 않았나 생각합니다.

문재인 정부가 받은 비난에 억울한 부분이 있었다는 것은 별도로 논의할 문제입니다. 문재인 정부 때 국토교통부 장관, 고위 공무원들과 정책 관련해 여러 번 미팅을 하면서 느낀 점은, 정책 담당자들이 돈으로 움직이는 시장에 대한 이해가 다소 부족하다는 생각이었습니다. 실물시장에 대한 이해 없이 이상적으로 접근하다 보니까 한계를 노출할 수밖에 없었고, 그러다 보니 시장에 참여하는 사람들의 감정, 집이나 자산이 있는 사람들의 심리 그리고 집 없는 사람들의 고통, 이런 것들을 잘 이해하지 못했다는 생각이 들었어요.

반면에 윤석열 정부 들어서는 우연히 집값이 안정되고 있습니다. 흥미로운 건 원희룡 국토교통부 장관이 집값 떨어뜨리겠다, 엄청 하락시키겠다, 이런 말을 굉장히 많이 했다는 점입니다. 실제로 지금 시장이 안정화되고 있긴 한데, 내막을 살펴보면 윤석열 정부가 시장 안정화를 위해서 시행한 정책은 아무것도 없습니다. 시장 안정화를 꾀하는 정책은 가격이 오르지 못하게 하는 게 핵심입니다. 가격을 연착륙시키는 방법은 대출 규제를 어느 정도 유지하는 정책들인데, 윤석열 정부는 오히려 대출 규제를 풀고 있으니까요. 거꾸로 가고 있는 셈인데 이게 대단히 이상하고 어이없는 지점입니다.

부동산 시장 안정화?
가격을 떠받치기 위해 안달하는 정부

사회자 저희가 외교·안보 이야기를 하면서 현 정부가 맨날 경제 경제를 외치고, 대한민국 1등 영업사원이 되겠다 이런 말도 하지만, 정작 '경제외교'를 하고 있냐는 그런 말을 했었습니다. 이제 윤석열 정부의 1년 경제에 대해서 이야기를 해볼까 합니다. 산술적인 지표만 따져도 어느 하나 전 정부에 비해서 나아진 것이 없습니다. 사상 최고의 무역적자를 연달아 기록하는 중이고, 우크라이나 전쟁이나 미중 갈등, 또 팬데믹의 영향을 감안하다고 해도 물가 등이 너무 올라 대다수 국민들의 체감 경기가 극히 안 좋은 것 같습니다. 문제는 이게 앞으로 4년 동안 나아질 거라는 기대가 가능하냐일 텐데요, 우리 경제의 오늘과 내일에 대해 이야기를 들어보겠습니다.

이광수 취임 100일 인터뷰에서 윤석열 대통령에게 가장 잘한 일이 뭐냐고 물어봤더니 부동산 시장 안정이라고 그래요. (일동 웃음) 이건 대단히 재미있는 일이에요. 왜냐하면 한 게 아무것도 없는데 부동산 가격이 다소 떨어졌다고 그걸 치적으로 홍보하고 있기 때문입니다.

이게 제가 윤석열 정부 경제정책의 가장 큰 문제점이라 생각하는 지점입니다. 가령 이런 사례가 있습니다. 종부세를 크게 완화하면서 그렇게 하면 전월세 가격이 떨어진다는 식의 논리를 펼쳐요. 물론 직관적으로 그렇게 생각할 수 있겠다는 생각은 듭니다. 예를 들어 집주인에게 높은 세금을 부과하면 집주인도 그 비용을 충당해야 하니까 세입자들의 전월세 가격을 올린다는 발상이죠. 그런데 한국의 임대·임차 시장은 그런 식으로 구조화되어 있지 않습니다.

이런 문제가 궁금할 때는 항상 반대 방향으로 질문하면 됩니다. 만약에 집주인한테 종부세를 완화해준다고 하면 집주인이 감동해서 세입자들의 전월세 가격을 인하할까요? 아무도 그렇게 생각하지는 않잖아요. 그런데 윤석열 정부는 그렇게 말을 해요. 종부세 완화 정책은 그냥 다주택자 규제를 완화하는 겁니다. 그런데 이걸 서민을 위한 정책이라고 말하고 있어요. (일동 웃음)

사회자 방향과 상관없이 이름만 그렇게 붙인다는 건데, 그런 걸 언론에서 분석적으로 다뤄주지 않는 거죠.

이광수 맞습니다. 정부가 주는 워딩을 언론이 그대로 받아서 써요. 정말로 사람들이 그렇게 생각하는 걸까요? 일일이 다 물어보지 않아서 정말 반응이 어떤지는 모르겠습니다. 어쨌든, 뭐라고 할까 교언영색(巧言令色)이라는 생각을 하게 되는 거죠. 친부자 정책이 친서민 정책으로 탈바꿈하면서요. 그런 일들이 부동산 시장에서 나타나고 있습니다.

여기서 또 하나 문제가 되는 게 요즘 이야기가 많이 나오는 '경착륙' 우려입니다. 그런데 이런 얘기를 듣고 있으면 저는 경착륙과 연착륙에 대한 기준이 뭔지 잘 모르겠어요. 문재인 정부 말기 부동산 가격이 폭등할 때 서울 집값이 거의 평균 60% 가량 상승했거든요. 지금은 평균적으로 20% 정도 빠지고 있습니다. 그런데 20% 빠졌다고 이 상황을 경착륙이라고 얘기하는 것이 맞나요?

사회자 그러고 보면 경착륙이라는 말은 있는데 그게 정확히 어떤 상황이고 어느 정도 수치를 기준으로 삼아서 이야기하는지에 대해선 별로 본 적이 없는 것 같습니다.

이광수 저는 지금 상황을 경착륙이라고 규정하는 것과 경착륙을 우려하는 것에는 정책 행동에서 명확한 차이가 난다고 생각합니다. 경착륙을 우려하는 정도라면 이렇게 대규모로 규제를 풀면 안 되고 서서히 풀어야 해요. 그런데 지금을 경착륙이라고 생각하기 때문에 규제 완화에 대폭적으로 나서고 있다고 봐야 할 것 같습니다. 말로는 뭐라고 하건 정권의 속내는 부동산 가격이 조금이라도 낮아지면 지지율 등 여러 가지 문제가 생길 것으로 생각하는 것 같아요. 그런 측면에서 부동산 가격이 조금이라도 빠지는 걸 방지해야겠다는 생각을 갖고 있는 게 아닌가 싶습니다.

그러면 무엇이 문제일까요? 우리 국민의 50% 정도가 무주택자입니다. 문재인 정부 후반부에 집값이 급등하면서 벼락거지라는 말까지 나오는 등 무주택자들에게 상황이 좋지 않았죠. 그랬던 주택 시장이 이제 조금 안정되는 상황인데, 대출 규제를 완화해주고, 또 다주택자 규제도 없애주고, 세금까지 완화해주는 등 집값을 올리는 데 유리한 정책들만 나오고 있습니다. 이 정부가 하고 있는 행위의 본질은 무주택자인 국민 50%의 고통을 키우는 정책인데, 그걸 친서민 정책이라고 얘기하는 게 정말 어이가 없습니다. 과거에도 이렇게까지는 하지 않았거든요. 예를 들어 이명박 정부도 재건축 규제를 대폭 완화했지만 그 정책을 두고 '이건 친서민 정책이다.'라고 얘기하지는 않았습니다.

사회자 문재인 정부 때 집값만이 아니라 전월세 가격까지 올라버려서 서민들이 실제로 피해를 봤고, 그에 대한 불만이 누적된 상태에서 윤석열 정부의 '친서민 정책' 코스프레가 내용과 상관없이 잘 먹히는 게 아닐까요?

이광수 부동산 문제에 대해 이제까지의 정부 정책을 보며 우리가 확인해야 할 게 있습니다. 바로 정책으로 시장의 가격을 조율할 수 없다는 겁니다. 저는 그것은 만용이라고 봅니다. 그렇기 때문에 오히려 정책은 가격 통제가 아니라 다른 분명한 목적을 가지고 움직여야 합니다. 가격을 상승시키거나 하락시키는 게 정책 목적이 되어선 안 돼요. 실패할 수밖에 없으니까요. 대신 다른 목적을 가져야 합니다.

제가 생각하기에 그 정책의 목적은 첫째로는 주거복지, 즉 서민들이나 주거 취약층을 위한 주거복지여야 한다고 봅니다. 둘째로는 부동산 시장의 변화 사이클과 가격의 진폭을 줄일 수 있도록, 부동산 시장이 안정화될 수 있는 정책을 일관성 있게 추진하는 것이 중요하죠. 쉽게 말해 지금 가격이 떨어진다고 해서 규제를 막 풀어버리면 5년 후에 집값이 다시 폭등할 수 있는 겁니다.

주택 시장이 이제 조금 안정되는 상황인데,
대출 규제를 완화해주고, 다주택자 규제도 없애주고,
세금까지 완화해주는 등 집값을 올리는 데 유리한 정책들만 나오고 있습니다. 본질은 무주택자인 국민 50%의 고통을 키우는 정책인데,
그걸 친서민 정책이라고 얘기하는 게 정말 어이가 없습니다.

사회자 지금 규제를 푼 것의 효과가 정말로 4~5년 후 정권이 바뀐 상황에서 가격 폭등으로 나타나면 그게 징크스를 해명하는 키워드가 되겠네요. 진보정부가 등장하면 부동산이 폭등한다고 하는 그 징크스요. 그게 진보정부의 정책 효과가 아니라 보수정부의 정책 효과라는 점이 아이러니일 테고요.

이미 가진 사람이 더 가지게 만드는 부동산 정책

이광수 그런데 이런 사이클로 가면 부동산 시장이 계속 안정화되지 않고 롤러코스터를 타면서 서민과 주거 취약층만 고통받게 됩니다. 앞서 말했듯이 부동산 정책은 주거복지와 부동산 시장의 안정화라는 두 가지 목적을 가지고 움직여야 하는데, 지금 그런 고민이 너무 부족해요. 주거복지를 위한 정책은 이미 예산이 많이 깎였고, 시장의 진폭을 줄이기 위한 정책들도 거의 전무한 게 아닌가 생각합니다. 사실 시장을 분석하는 입장에서 볼 때는 가격이 떨어질 때 정책을 펼치기가 좋거든요.

문재인 정부 시기는 가격이 상승하는 구간이라서 아무런 정책도 제대로 펼 수가 없었습니다. 그게 좀 안타까운 측면이죠. 그런데 이렇게 가격이 하락하고 부동산 시장이 안정되면 이 두 가지 정책을 할 수 있는 기반이 됩니다. 주거복지도 적극적으로 추진할 수 있고 시장의 진폭을 줄이는 일관성 있는 정책을 유지하기도 쉬워요. 지금 굉장히 좋은 시기가 온 건데, 윤석열 정부는 가격이 빠지면 지지율도 빠진다는 공포에 사로잡힌 게 아닌가 합니다.

김진태 강원도지사가 일으킨 레고랜드발 부동산 프로젝트 파이낸싱(PF)* 문제는 따로 짚어야 합니다. 사실 레고랜드 채권 사태를 일으킨 금액이 2천억 원밖에 되지 않았어요. 우리나라 금융시장이 얼마나 큰데 2천억 원 때문에 갑자기 휘청거렸다니 이상하지요? 그게 금융시장의 특성, 투자화된 시장의 특성이에요. 아주 조그마한 일로 신용에 문제가 생겨요. 그렇게 되면 수천억이 갑자기 수십조에 영향을 미칠 수 있게 되는 겁니다. 김진태 지사는 아는 척하는 아마추어였던 거죠. 검사 출신들이 그런 식인 거 같아요. '난 경제범을 많이 잡아봐서 경제를 잘 알아.' 이런 거죠.

그런데 이런 사람들이 잘 안다고 생각하는 경제가 뭐냐 하면 누군가 '장난치는' 그런 나쁜 경제인 게 아닌가, 이런 생각이 들어요. 그런 점에서 경제를 좌지우지하는 정책을 생산하는 정치가들이 경제를 과연 잘 알고 있느냐, 금융을 잘 알고 있느냐, 그런 부분에 대해 계속 질문을 해야 하는 게 아닌가 생각합니다. 이와 관련해서 최종건 교수님께 좀 여쭤보고 싶은 게 있어요. 그때 청와대에 계셨으니까 부동산에 대한 인식이 좀 어땠나요?

최종건 저는 잘 모르는 게, 그쪽 회의는 안 들어갔거든요. 국토교통부 장관했던 김현미 의원은 개인적으로 압니다. 저도 고양시 사는데, 고양시 집값이 엄청 떨어졌죠. 다른 데는 다 올랐

* PF 대출은 대출 과정에서 사업주의 신용이나 물적 담보 대신 프로젝트의 경제성, 즉 미래가치를 두고 대출이 이뤄지는 방식을 말한다. 미래가치를 담보로 이뤄지다보니 금리변동 등의 시장 변화에 취약한 약점이 있다. 레고랜드의 경우 국채에 준하는 신용도를 지닌 지방채 시장에서 디폴트 선언이 나오면서 이로 인해 일반 기업들의 신용도까지 다 같이 바닥에 떨어지는 최악의 사태로 이어졌다.

는데…. (일동 웃음) 저는 외국에 오래 살고 여기저기 돌아다녔는데, 항상 수도권의 집값은 비쌌습니다. 예를 들어 런던, 뉴욕, 시카고 이런 곳은 우리나라 집값이 오히려 싸게 느껴질 정도로 엄청나게 비싸죠. 그러니까 그 나라 젊은이들은 자기가 취직해서 몇 년 동안 돈 모아서 그 나라 수도에 집을 마련한다는 것은 아예 꿈도 못 꾸거든요. 우리처럼 돈이 많은 부모가 집을 해주거나 보태주는 문화가 거의 없으니까요.

그런데 우리나라는 결혼과 동시에 반드시 전세 이상의 집이 있어야 하고, 그것도 수도 서울 안에 있어야 한다는 인식이 기본적으로 있는 것 같아요. 저는 잘 모르겠습니다. 완전히 무식한 얘기인지도 모르겠는데, 서울의 집값이 비싼 게 뭐가 이상하냐는 생각이 들 때가 많거든요. 저는 서울에 살다가 고양시로 간 사람이지만요.

이광수 원론적인 비판일 수도 있긴 한데요. 지금 정부가 '청년들한테 주택을 통해서 자산을 늘릴 수 있는 기회를 주겠다.'고 얘기합니다. 그래서 대출을 해주겠다는 거잖아요. 쉽게 말해서 '부동산 투자해서 돈 벌어.'라는 말이죠. 부동산 투자가 반드시 나쁘다고 보지는 않지만, 정부라면 임금 격차를 줄이고 좋은

이런 사람들이 잘 안다고 생각하는 경제가 뭐냐 하면 누군가 '장난치는' 그런 나쁜 경제인 게 아닌가, 이런 생각이 들어요. 그런 점에서 경제를 좌지우지하는 정책을 생산하는 정치가들이 경제를 과연 잘 알고 있느냐, 금융을 잘 알고 있느냐, 그런 부분에 대해 계속 질문을 해야 하는 게 아닌가 생각합니다.

직장을 제공하고 산업을 성장시키는 과정에서 청년에게 기회를 주겠다고 해야 하는 게 아닌가요? 이렇게 공공연하게 '많이 대출해 줄게. 부동산 사서 돈 벌어.'라고 해도 되는 것인지 모르겠습니다.

사회자 대출까지 독려해가며 집을 사라고 하면 무주택자인 사람이 시도를 할 가능성이 높을까요, 아니면 이미 부동산에 투자를 하고 있던 사람이 다시 기회를 잡을 가능성이 높을까요? 정책에 어떤 반응이 나올지 모르지만 흥미로운 포인트 중 하나 같습니다.

이광수 맞습니다. 우리나라 부동산의 또 다른 문제 중 하나가 자기가 보유한 집에 사는 비율이 서울의 경우 43.5%밖에 안 된다는 거거든요. 그러니까 자가 보유라고 해도 실거주가 아니라 투자 목적으로 보유한 사람이 많다는 겁니다.

김성회 2023년도 윤석열 정부 첫 예산이 발표됐는데, 부처로 보면 국토교통부 예산이 가장 많이 삭감이 됐어요. 분야로 보면 보건복지 분야가 가장 많이 삭감됐고요. 이 두 분야에서 겹

지금 이 부동산 가격에 서울에서 자기 집 마련을 꿈꾸는 청년은 본인이 직장이 있을 뿐만 아니라 부모가 기본적으로 돈을 대주는 사람일 확률이 높습니다. 어느 정도 기본 자산을 갖춘 사람들에게 이 국면에 집을 살 수 있는 길을 열어주겠다는 겁니다. 이걸 주택 정책이라고 말을 하니까, '이건 좀 너무 막 나가는 거 아닌가.' 싶은 생각이 들어요.

치는 게 바로 임대주택 문제입니다. 국토교통부가 임대주택 정책을 거의 없애다시피 싹 거둬들인 거죠. 대신 대출 정책 예산을 키우고 있어요. 청년들과 신혼부부들이 집을 살 수 있는 환경을 만들어주기 위해 대출도 해주고, 그다음에 직주 근접이라고 해서 지하철역 가까운 곳에 작은 집들을 개발해서 집을 살 수 있는 환경을 만들어주겠다고 하고 있습니다.

이걸 들으면서 참 씁쓸한 게, 지금 이 부동산 가격에 서울에서 자기 집 마련을 꿈꾸는 청년은 본인이 직장이 있을 뿐만 아니라 부모가 기본적으로 돈을 대주는 사람일 확률이 높습니다. 어쨌거나 주택 담보 인정비율(LTV)을 맞춰 대출이 나온다는 건 어느 정도 기본 자산이 다 갖춰져 있다는 말이거든요. 그럴 돈을 상속받을 수 있는 사람이거나 그만큼 벌써 벌어서 모아둔 사람들에게 이 국면에 집을 살 수 있는 길을 열어주겠다는 겁니다. 이걸 주택 정책이라고 말을 하니까, '이건 좀 너무 막 나가는 거 아닌가.' 싶은 생각이 들고요. 이 정부의 정체를 너무 적나라하게, 너무 빨리 드러냈다는 생각이 듭니다.

사회자 생활비는 부모에게 받아서 쓰고 월급 전부를 다 저축을 하는 청년들에게 기회를 주는 거라는 혹평도 있더군요.

이대로라면 몇 년 후 부동산은 다시 급등할 수 있다

이광수 앞서도 말했지만, 진보정부에서는 부동산 가격이 오르고 보수정보가 들어서면 가격이 떨어지는 사이클이 있었죠. 이상하게 그런 일이 반복됐잖아요. 다음 정권을 누가 잡게될지 모르겠지만 부동산 문제로 엄청난 홍역을 치를 가능성이 높습니다. 나중에 급등할 가능성이 높은 게, 지금 공급이 확 줄고 있거든요.

사회자 김진태발 레고랜드 사태로 부동산 PF가 망가지면서 공급이 줄어드는 그런 상황인 건가요?

이광수 그것을 포함해 여러 문제가 있습니다. 공급이 거의 반토막 나고 있거든요. 시장 참여자들도 학습이 돼 있는 겁니다. 지금이 공급할 때가 아니란 걸 이제 아는 거죠.

김성회 윤석열 정부에서 공급을 더 늘리겠다고 선언을 했는데 그건 지켜지지 않을 거라고 보시는 건지요.

이광수 윤석열 정부의 여러 가지 정책이나 실천들을 이야기하면서 우리가 다룬 주제들을 관통하는 공통점이 있는데요, 그중에 하나는 이 정권에 있어서 가장 큰 특징 중 하나가 말과 행동이 다르다는 겁니다. 부동산 정책과 경제문제도 그렇죠. 말로는 가격 안정화를 외치지만 정책은 반대방향인데요. 외교도 그런 모습이지 않았습니까? 물 들어온 것처럼 재건축 규제 완화하고 다주택자 규제 완화해주고 세금 깎아주고 있습니다.

최종건 시장 환경과 상관없이 자기네들이 하고 싶은 욕망을 풀고 있는 것으로 보여요.

이광수 그렇죠. 이건 정치적으로 의미가 있습니다. 이 정책에서 수혜를 본 사람들은 정권을 확실히 밀어줄 거예요. 어떤 규제가 있을 때 내가 혜택을 받는지 아닌지는 좀 헷갈릴 수 있습니다. 그럴 때는 집주인과 세입자가 동시에 정부를 비난하는 일도 나올 수 있어요. 하지만 규제를 풀었을 때, 가령 종부세를 완화해줬을 때 이득을 보는 사람은 너무 확실하거든요. 수혜자가 확실하니까 이건 표가 되는 거죠.

이재명 대표가 요새 받고 있는 혐의가 뭐죠? 공직자가 자기 이익을 위해서 일하는 것, 배임이죠? 저는 이번 정책도 배임 성격이 있다고 봐요. 왜냐하면 재건축 규제를 완화해주는데 지금 정부 여당에 다주택자도 많고 강남에 집 있는 사람이 엄청 많거든요. 그러니까 그 사람들이 직접적으로 수혜를 입을 수 있죠.

최종건 오로지 본인들을 위한 정책이네요.

이광수 또 다른 문제도 있습니다. 미분양 아파트 증가를 두려워하는데, 우리나라 건설회사들이 전 세계에서 생산성이 가장 낮습니다. 저는 최근에 어떤 기사를 보고 충격을 받았는데요. 서울의 미분양 아파트 일부를 정부가 사준 일이 있었습니다.

최종건 네? 그런 게 가능해요? 그건 배임 아니에요?

이광수 기사 중 인터뷰에서 건설회사 사장이 '정부가 기껏 원가에 사준 건데 무슨 잘못이 있습니까?'라고 하더라고요. 만들어서 안 팔렸는데 정부가 원가에 사주면 실패가 없는 거잖아요. 실패가 없는 산업이 어떻게 존재할 수 있습니까?

최종건 아니, 이런 거야말로 검찰에서 조사를 해봐야 할 사안인데요. 정치인들이 건설업자와 유착한 건지 아닌지 말이죠.

김성회 많은 언론사 사주가 건설사 사주이기도 하고 그러다보니 이런 중요한 뉴스가 제대로 보도도 되지 않고 넘어가는 것 같습니다.

미분양 아파트를 사주는 정부, 대체 무엇 때문에?

이광수 저는 정부가 생각할 때 목적이 분명하면 시장에 개입해도 된다고 봅니다. 그런데 이런 식의 목적이면 안 되죠. 이런 종류의 개입이 오히려 건설회사들의 혁신을 죽인다고 보거든요. 잘 못하는 사람은 시장에서 낙오하고, 잘하는 사람들은 또 재기해서 혁신이 일어나야 하는데, 미분양 아파트가 나왔다고 정부가 사주면 무슨 혁신이 생기겠습니까.

사회자 부동산 정책이 어려운 건 그게 한국에서는 결국 개인의 부의 가장 큰 부분을 건드리기 때문이 아닌가 싶은데요. 이걸 바꿀 수 있는 여지가 있을까요?

이광수 말씀하신 대로 우리나라는 부동산이 개인 가계 자산에서 차지하는 비중이 너무 커서 사람들이 민감하게 반응하니까, 그걸 정치가 건드리기 어렵습니다. 그런 만큼 산업 자체도 혁신이 더딘 측면이 있지요. 어쨌든 저는 부동산 시장이나 건설업 같은 곳에서 혁신이 일어나야 한다고 봅니다.

미국의 경우에도 예전에는 개인들이 부동산 투자를 많이 했습니다. 그런데 1981년에 미국 정부가 401K라는 퇴직연금을 만들면서 반강제로 주식 투자비중을 확대합니다. 연금을 통해 안정적인 주식투자를 하도록 유도하는 거죠. 이러면 기업에 돈이 들어가는 선순환이 일어납니다. 기업은 다시 생산성을 높여서 배당을 증가시켜 주가도 오릅니다. 그 이후 미국에서 퇴직한 사람들의 부가 굉장히 늘어났습니다. 대부분 주식을 40% 이상 보유하고 있거든요. 그게 또 산업의 혁신으로 연결되었죠.

정부가 자산의 형성을 도울 수는 있습니다. 그런데 특정 계층에게만 부동산을 통한 자산형성을 유도하는 건 곤란하다는 겁니다. 과거라면 모를까 앞으로 부동산은 레버리지(leverage) 효과가 발생할 수 있는 투자가 아닙니다. 집값이 오른다고 아파트가 많이 생기고 건설회사가 부흥할 수 있는 게 아니죠. 지금은 굉장히 중요한 시기고 패러다임의 전환이 필요합니다. 그런 고민은 전혀 없이 당장 부동산 가격이 낮아지면 안 된다고 대응하기 바쁜 거죠. 이래서 한국의 부동산은 대표적인 적폐인 겁니다. 쌓여온 문제라는 것이죠.

사회자 방금 위원님 말씀이 굉장히 중요한 것 같습니다. 주변에 주식 전업투자자 지인이 몇 있는데 한국 관료사회에 대한 불신이 굉장히 큽니다. 그분들 말로는 주식시장에선 관료가 유리할 게 없지만, 부동산시장에선 관료가 정보를 가지고 있어서 그들이 이기는 게임이라는 겁니다. 그래서 한국 관료들이 정권의 의중과 상관없이 돈이 주식으로 가는 걸 정책적으로 막고 있다는 생각까지 하고 있더라고요. 부동산으로 가계 자산 대부분이 몰려야 관료가 더 쉽게 돈을 버니까요.

이광수 부동산 문제는 저렇게 해서는 해결될 수 없는 문제인데 지금 윤석열 정부의 정책은 사이클 변동을 더 크게 키워서 문제를 더 키울 겁니다. 지금도 주택 가격 정책만 보면 무주택자한테는 불공정합니다. 왜 집값 떨어지는 걸 정부 정책으로 막는 거냐고 물을 수 있죠.

이게 허무개그처럼 답이 좀 허망한데요, '부동산 가격이 떨어지는 게 두려워서'입니다. 최근에 둔촌 주공에서 미분양 아파트가 발생할 우려가 커지자 정부가 전격적으로 규제 완화에 나섭니다. 강동구라고 하지만 크게 봐서 강남인 거고, 그 강남 지역의 새 아파트가 미분양이 나면 엄청나게 충격이 될 수 있다고 보는 거죠. 그 충격으로 시장이 급랭할 수 있으니까 규제

**주식시장에선 관료가 유리할 게 없지만,
부동산시장에선 관료가 정보를 가지고 있어서
그들이 이기는 게임이란 거죠.
그래서 한국 관료들이 정권의 의중과 상관없이
돈이 주식으로 가는 걸 정책적으로 막고 있다는 생각까지
하고 있더라고요. 부동산으로 가계 자산 대부분이 몰려야
관료가 더 쉽게 돈을 버니까요.**

완화 정책을 구사했다고 볼 수 있습니다. 정부가 가진 두려움이 너무 큰 거죠.

사회자 윤 정부의 지지자들은 아파트 미분양 사태가 부동산 경기 침체 그리고 전반적인 경기 침체로 이어지는 걸 사전에 차단하기 위한 선제적 행동이었다고 추켜세울 수도 있을 것 같은데요. 그들이 평소에 시장우선주의자였다는 건 비밀로 하고 말입니다.

이광수 경제정책은 산업정책과는 다르게 문제가 났을 때 그걸 해결하고 막는 식으로 후행적이어야 합니다. 선행적으로 정책을 시행하면 상황이 어떤 식으로 전개될지, 어느 방향으로 튈지 모르니까요. 문제가 일어나는 걸 보고 그게 확산되는 걸 방지하고 최소화하는 게 후행적인 정책입니다.

예를 들어, 미국에서 서브프라임 사태가 날 것 같다고 정부가 미리 주택을 사주거나 하지는 않습니다. 그보다는 문제가 터졌을 때 필요한 걸 지원해주고, 문제가 더 확산되지 않도록 관리하면서 막는 거죠. 그런데 우리는 정권이 시장상황을 기다려주지 않고 선행적으로 정책을 펼치는 게 문제입니다. 이번에 미분양 아파트를 정부가 산 것이 전형적인 선행정책이죠.

경제성장률 하락에 둔감한 정부와 언론

사회자 부동산 이야기를 많이 나누었는데요, 다음 이야기로 넘어가보도록 하죠. 부동산 외에 현 정부의 정책을 보며 걱정되는 부분이 있다면 어느 영역일까요?

이광수 경제정책 관련해서 중요한 게 최근에 IMF가 올해 예상 경제성장률을 발표했는데 한국만 유일하게 낮췄습니다. 예상 경제성장률이 일본보다도 더 낮아졌어요. 청년 취업자 수도 줄고 있고 전반적으로 무역적자가 증가하고 있고요. 그런데 이상하게 경제 관련 언론보도는 평온한 것 같아요. 정부 정책에서 어떤 위기의식이 안 느껴집니다. 자꾸 비교해서 그런데, 문재인 정부 때는 취업자 수가 조금만 감소하거나, 경제성장률이 조금만 둔화되어도 언론에서 난리가 났죠. 윤석열 정부 들어서서는 언론이 굉장히 관용적인 태도를 보이는 것 같습니다.

사회자 지금과 같은 정도의 여러 상황이 문재인 정부 때 벌어졌으면 당장 나라가 망한다는 보도가 언론을 뒤덮었을 것 같은데 말이죠. 분명 그 간극이 지나치게 큰 건 사실입니다.

최종건 언론 보도와 관해서는 정말 할 말이 많습니다. 앞에서 청와대 회의 이야기가 나왔었는데, 문재인 정부 때의 청와대는 아침 7시 반에 안보실이 첫 회의를 합니다. 그리고 8시 10분에 비서실장, 안보실장, 정책실장 3실장 주재로 선임 비서관급 이상 한 30~40명이 한 방에서 회의를 해요. 그때는 안보실 사안이 아니라 대부분 정책실 사안이에요. 예를 들면 실업 지수 같은 걸 가지고 논의를 많이 합니다. 그리고 '오늘 언론에 내보낼 경제지수가 이겁니다.' 이런 걸 가지고 논의를 많이 했던 기억이 납니다. 그때 우리는 언론 동향에 상당히 민감했거든요.

이 경제지수란 것이 어떤 건 기저효과 때문에 오르기도 하고, 늘 오르는 거라서 오르는 것도 있고, 또 어떤 건 정부가 실제로 정책을 잘해서 올라가는 것도 있습니다. 그런데 언론 보도를 보면 항상 우리가 생각했던 것과는 다르게 나오는 거예요. 잘한 건 잘한 것대로 의미 없다고 후려치고, 못한 것은 굉장히 심각한 문제가 있는 걸로 나오고 그랬습니다. 그러다가 통계 조작 논란이 튀어나오고요. 지금 감사원에서 문재인 정부 사람들을 줄줄이 조사하고 있는데 이런 건 좀 아니죠.

이광수 지금 윤석열 정부하에서 무역적자가 나고 경제성장률이 둔화되는 걸 정권의 잘못만으로 돌릴 순 없다고 생각합니다. 분명 구조적인 문제가 있습니다. 먼저 한국 제조업의 위기입니다. 한국 제조업이 더 이상 생산성이 향상되지 않고 있거든요. 생산성이 향상돼야 수출도 잘 되고 할 텐데 지금 그렇지가 않은 거죠.

생산성 향상이 안 될 때 성장을 위한 다른 방법은 시장을 확대하는 건데, 이 문제는 외교와도 연결돼 있습니다. 예를 들어 삼성전자에 혁신이 없다고 해도 시장이 커지면 이윤을 높일 수 있어요. 그런데 시장 확대는 구조상 외교와 연결되어 있잖아요. 그러니까 정치 영역이 되는 거죠. 최근 중국 쪽 수출이 엄청 감소하고 있는 이유는 물론 생산성 향상 문제도 있겠지만 중국과 관계에 문제가 생기고 있는 건 아닌지 우려가 됩니다.

여기서 놓치지 말아야 할 게 중국 자체도 크게 변하고 있다는 겁니다. 중국은 지금 수출 주도 경제에서 내수 시장 경제로 전환하는 중입니다. 그럼 우리가 팔 수 있는 게 있을까요? 저는 긍정적으로 볼 여지가 있다고 생각합니다. 중국에 대해 아직 충분히 수출을 할 수 있습니다. 문제는 어떤 비즈니스를 해야 되냐 하면 이제부터는 B2C라야 됩니다.

그러니까 예전에 우리나라는 중간재를 중심으로 해서 반도체 팔고 디스플레이 팔고 철강재를 팔면서 참여정부 시대부터 최근까지 경제성장을 이끌었습니다. 그러나 앞으로는 중국의 소비자를 향해 물건을 팔아야 합니다. 우리는 그렇게 할 수 있는 역량이 있어요. 가령 대표적인 성공 사례가 화장품입니다. 중국 소비자를 대상으로 우리 화장품을 엄청나게 팔았거든요. 구매력을 타깃팅해서 공략한 거죠.

사회자 지금 이야기하신 맥락에서 정부의 행동이 중요할 텐데, 이 정부에 대해서는 아쉬운 점이 많네요. 갈등을 키우는 쪽으로 움직이니까요.

이광수 이야기하신 것처럼 사실 B2C에서 가장 중요한 건 개인들의 감정입니다. 우리 정부가 나서서 오히려 반한감정에 불을 지피면 될 일도 안 되겠죠. 아직 내세울 브랜드도 별로 없는데,

---

사실 B2C에서 가장 중요한 건 개인들의 감정입니다.
우리 정부가 나서서 오히려 반한감정에 불을 지피면
될 일도 안 되겠죠. 아직 내세울 브랜드도 별로 없는데,
나라에 대한 반감까지 생기면 B2C는 여지가 없어요.
차라리 중간재를 수출할 때는 싸워도 됩니다.
일본은 우리와 아무리 싸워도 우리나라가 어쩔 수 없이
중간재를 수입해야 하니까 저렇게 당당하게 나오는 거예요.

나라에 대한 반감까지 생기면 B2C는 여지가 없어요.

차라리 중간재를 수출할 때는 싸워도 됩니다. 일본은 우리와 아무리 싸워도 우리나라가 어쩔 수 없이 중간재를 수입해야 하니까 저렇게 당당하게 나오는 거예요. 한국도 중국과 그런 관계였는데, 중국이 중간재를 거의 국산으로 대체했으니 앞으로는 관계가 완전히 바뀌는 거죠. 결과적으로 중간재를 못 팔면 소비재라도 파는 게 중요한데, 중간재는 외교 차원에서 안 되고, 소비재는 정치가 방해하는 형국입니다.

B2C의 가능성을 망치는 외교정책

최종건 소비재란 건 켜켜이 쌓아서 그들의 정서가 소비로 가는 거잖아요. 단편적인 케이스로 말씀하시긴 했지만, 중국발 입국자 관리의 경우 공항에서 벌어지는 일은 세 부서가 엮입니다. 방역을 담당하는 보건당국, 대중국 정책을 하는 외교부 그리고 법무당국 이렇게 엮여 있지요. 각자 주장을 할 경우 정치적인 결정은 어쨌든 용산에서 하게 됩니다. 그런데 그 정치적인 결정을 '문재인 정부가 중국에 상당히 저자세를 취했으니, 우리는 아니란 걸 보여주자.'고 한 거라면 일부 지지자들만 좋아하는 정책을 편 거죠. 결국 이런 게 우리한테 주어진 비즈니스 기회, B2C의 가능성을 망치는 겁니다.

2017년도에 문재인 정부가 들어섰을 때, 당시는 '사드' 등으로 한중 관계가 완전히 박살난 상태였잖아요. 롯데가 중국에서 철수하고, 또 중국에서 우리나라 방송을 안 틀어줬어요. 드라마나 음악도 금지하고, 문 정부에서 그걸 푸는 게 굉장히 어려웠습니다.

사회자 당시 중국의 한한령, 중국 내 한류 금지령이 대단했죠.

최종건 결국은 문재인 정부 임기 말에 드라마도 약간씩 풀어주고 영화 하나 풀어줬는데요. 물론 중국 사람들이 다른 루트를 통해서 그 상품들을 소비하긴 했지만, 문화 상품은 상당히 어렵죠. 중국은 우리와 비슷한 체제가 아니잖아요. 사회주의 국가고 독재를 하니, 국가권력이 시장을 통제할 수 있는 실체란 점은 인정해야 하거든요. 그러면 거기에 맞게 우리 정책을 유연성 있게 가져가야 할 필요가 있습니다.

이광수 교수님이 말씀하신 것처럼 정서를 쌓아가는 게 무척 중요합니다. 예를 들어, 중국이 아무리 수입을 규제하고 그래도 루이비통 같은 건 엄청나게 팔리거든요. 브랜드 이미지를 쌓아온 게 있는 거죠. 소비재 측에선 이런 게 중요하거든요. 저는 한국 기업들이 잘해왔다고 생각하는 게 한국 소비재 기업들이 굉장히 강해요. 훌륭하신 분들도 많고 중국 시장을 잘 개척해놨습니다. 결실을 얻을 차례가 점점 오던 시기였지요. 그런데 결실을 맺기 전에 굉장히 어려운 국면에 접어들었습니다.

최종건 1992년도에 수교했으니까 작년이 한중 수교 30주년이었거든요. 하지만 굉장히 썰렁하게 지나버렸어요. 한중 관계가 문제가 있으면 분명 경제에 미치는 악영향이 있을 겁니다.

김성회 윤석열 정부가 들어서고 나서 사실상 중국에게 대놓고 침을 뱉은 거잖아요. 국무총리가 작년 7월 국회 경제 분야 대정부질문에 나와서 "중국 경제가 거의 꼬라박는 수준으로 가고 있다."고 말했죠. 중국 사람들이 다 번역해서 보고 있을 텐데 태연하게 그런 말을 하는 거예요. 중국도 본인들의 전략상 우리나라의 중간재 수입을 자꾸 줄이고 반도체에서도 그렇고, '엑시트 플랜'(Exit plan)을 만들고 있는 것도 사실이잖아요. 윤 정부가 들어서고 나서 중국 관계가 나빠진 것이 현재 큰 폭의 무역적자의 원인인 걸까요, 아니면 흐름이나 추세 자체가 그랬던 걸로 보시나요?

이광수 그건 정확히 구분하기는 힘듭니다. 하지만 앞으로가 더 문제라고 생각하는 거죠. 중간재 수출은 더 감소하는데, 최소한 방어를 하려면 소비재 수출이 증가해야 합니다. 그런데 이게 점점 요원해지고 있다는 거죠. 여기에는 정부 책임이 있고요.

글로벌 기업 중에 중국에서 장사를 잘하고 있는 곳이 테슬라라고 보거든요. 미국하고 중국이 엄청나게 관계가 안 좋지만 일론 머스크는 제일 먼저 중국에 갑니다. 이런 정치 문제를 떠나서 그렇게 비즈니스를 하면 효과를 볼 수 있어요. 애플도 마찬가지죠. 중국 사람들이 미국과 사이가 안 좋다고 해서 테슬라나 애플을 안 쓰는 게 아니거든요.

사회자 그런 게 자본주의를 오래 한 경험에서 나오는 서구식 실리주의인 걸까요?

이광수 미국도 처음부터 그러지는 않았습니다. 그 기반은 미국 민주당 정부가 만들어준 거죠. 중국과의 관계를 풀어주려고 노력했기 때문에 테슬라가 메가 팩토리도 중국에 만들고 애플도 하청공장을 중국에 만들고 한 겁니다. 그 기반이 있으니 국가가 싸우든 말든 물건을 팔 수 있는 거고요. 우리나라도 그 단계까지는 정부가 지원을 해주고 바탕도 마련해줘야 했는데 상당히 안타깝습니다.

지금의 무역적자, 대중 수출감소는 우리의 산업구조적인 문제도 있을 것이기 때문에 정부 실책인지 아닌지 잘 구분이 되지는 않습니다. 하지만 앞으로가 더 걱정인 건 분명하죠. 중국뿐만 아니라 코로나 이전과 이후로 전 세계적으로 경제구조, 사회구조가 완전히 달라질 텐데 대한민국이 과연 이에 맞게 준비하고 있는지도 걱정이고요.

윤석열 정부가 들어서고 나서 사실상
중국에게 대놓고 침을 뱉은 거잖아요.
국무총리가 작년 7월 국회 경제 분야 대정부질문에 나와서
"중국 경제가 거의 꼬라박는 수준으로 가고 있다."고 말했죠.
중국 사람들이 다 번역해서 보고 있을 텐데
태연하게 그런 말을 하는 거예요.

법인세 감세, 1980년대식 낙수효과 담론

사회자 K-컬처의 위세가 그 어느 때보다 높은 지금, B2C의 가능성도 무궁무진할 텐데, 그런 시도가 정권이 자초하는 갈등으로 막힐 수 있다고 생각하니 많이 안타깝습니다. 이제 국내 얘기로 돌아와볼까요? 윤석열 정부가 법인세 감세 카드를 만지작거리고 있는데요.

이광수 네, 지금 법인세 감세를 얘기하고 있지요. 그러면서 이명박 정부가 감세하면서 얘기했던 낙수효과를 다시 언급하고 있습니다. 1980년대식 자유시장과 민간주도 성장 구도를 답습하는 거죠. 감세를 하면 기업이 투자를 늘릴 거고 그러면 경제가 성장한다는 식으로 단순화하고 있습니다.

이건 1980년대에나 통하는 얘기입니다. 이 방식이 통하지 않았던 건 1990년대 일본이 대표적으로 보여줍니다. 일본이 20~30년간 저성장이라고 하잖아요? 잃어버린 20년, 30년이라고 말하는데 그 기간 동안 저성장을 탈피하기 위해 일본은 투자를 증가시킵니다. 그런데 기업 투자가 증가했는데도 불구하고 결과는 저성장으로 귀결됐거든요.

최종건 기업 투자가 대부분 부동산 투자로 간 게 아닐까요?

이광수 버블경제기 이후에는 부동산 가격이 계속 빠져서 설비 쪽 투자도 많이 했습니다. 그런데도 결과가 저성장이었던 거죠. 전형적으로 지금의 한국 모습과 같습니다. 일본도 제조업을 놓지 않고, 계속 투자해 봤습니다만 성장은 없었던 거죠.

하던 거 똑같이 하고 공장 짓고, 그래서는 제대로 성장할 수 없습니다.

여기서 중요한 건 혁신이 없었다는 겁니다. 혁신과 투자, 둘 다 중요하지만 각각 방점이 다릅니다. 어쨌든 기업이 투자를 많이 하면 경제가 성장한다는 등식은 이미 깨지기 시작했습니다. 미국 같은 경우는 기업이 엄청나게 성장하는 동안 직접 설비투자를 하지 않았습니다. 반면 유럽은 투자가 굉장히 많이 증가했는데도 불구하고 성장률이 낮았지요. 미국은 기업이 투자하는 것보다 혁신이 훨씬 더 많이 일어났고, 그 혁신이 성장을 이끌어냈습니다.

그래서 21세기 들어서 국가의 성장은 투자보다도 혁신에 있다고 보는 거예요. 슘페터가 말한 성장 방식이죠. 과거에는 투자가 증가하면 생산성이 높아져 기업이 성장한다고 봤다면 지금은 혁신이 일어나야 한다는 겁니다. 그런데 우리는 다시 1980년대의 논리로 돌아간 거예요. 마치 감세해주면 기업들이 투자할 것처럼 말하고, 투자가 증가하면 당연히 성장할 거라고 얘기하는 거죠.

김성회 저는 다른 측면을 보고 싶은 게 있는데요. 지난 5년 동안 퇴직 관료들 중에서 취업 심사 성공률이 제일 높은 부처가 기재부입니다. 무려 96.8%예요. 관료를 퇴직하면 민간기업으로 재취업을 희망할 때 3년 동안 직무 관련 연관성을 심사합니다. 다른 부처 같은 경우는 해당 부처 관련 업계로 가면 제지를 당해요. 하지만 기재부는 업무 영역이 지나치게 넓잖아요. 국가의 재정 정책을 세우는 것이지, 특정 기업이나 산업 영역의 뭔가를 하는 게 아니라서 96.8%가 재취업에 성공합니다. 그래서 기재부 출신들이 기업에 많은 거예요.

제가 드리고 싶은 말씀은, 감세 정책이 그래서 나오는 게 아닌가 하는 거죠. 기업들이 적극적으로 기재부 관료 출신들을 임원으로 뽑아주니까 기재부 관료들은 퇴직해 기업으로 영전한 선배들을 보겠죠. '저 선배가 가서 부사장이 됐어. 내 미래도 저기 있네.'라고 생각하면 현재 부처에 있으면서도 기업의 이익을 바라보고 정책을 짤 수밖에 없다고 생각합니다.

물론 이런 추리를 증명할 방법은 없습니다. 이게 사실이라면 직권남용이 아닌가 의심할 수 있지만, 증명이 어려워요. 윤석열 정부가 문재인 정부 출신 관료들 바라보듯 한다면 충분히 검사들이 기소할 수 있는 건은 될 겁니다. 여하튼 우리나라 관료들이 재취업 문제 포함해서, 자기 미래를 위해 기업을 도와주는 게 아니라면 지금의 법인세 감세는 대체 뭔지 잘 설명이 안 되더라고요.

사회자 법인세 감세가 투자를 늘릴 거란 예측에 대해선 SK 최태원 회장도 반박한 것으로 압니다.

최종건 경제정책도 본인들 욕망대로 하는 것 같습니다. 문재인 정부를 향해서는 재정건전성이 안 좋다고 말하지 않았습니까? 한국은 OECD 국가 중에 재정건전성이 그리 나쁘지 않았단 말이에요. 그때 재정건전성 가지고 공격했으면 지금 재정건전성을 양호하게 만들기 위해 세금을 더 걷어야 하는 것 아닌가요?

이광수 맞습니다. 그게 모순이에요. 감세와 재정건전성은 서로 상충하는 것이거든요.

최종건 반복해서 말하게 되지만 언론 문제가 상당히 커요. 문재인 정부 때는 매일, 한국, 서울 등 경제신문이 무슨 일만 있으면 계속 기사를 냈어요. 그런데 요즘 그 언론들 보면 경제기사는 안 쓰고 외교·안보 기사를 더 많이 씁니다.

스태그플레이션에 맞지 않는 경제정책

이광수 언론은 한편으로 현실을 진단하면서 또 한편으로 미래를 모색하는 과정을 보여주어야 합니다. 그런 점에서 지금 미디어들이 현 정부에 대해 '과연 지금 경제 상황에 맞는 정책을 쓰고 있는가?'라는 질문을 던져야 한다고 생각해요.

경제는 현재보다 미래가 중요한데, 현 상황에 대해 많은 사람들이 동의하는 게 인플레이션에서 경기 침체로 가는 상황이라는 겁니다. 금리는 빠르게 인상시켰지, 기업들은 수익성이 떨어지지, 여러 가지 문제가 보입니다. 일단 인플레이션 때문에 실질임금이 하락하고, 빈부격차가 커지고, 서민과 노동자 부담이 가중되겠죠. 일종의 스태그플레이션 상황인 겁니다. 인플레이션도 꽤 유지되는데 경제성장률은 둔화되는 상황이니까요.

사회자 이럴 때는 어떤 경제정책을 써야 하는 걸까요?

이광수 선진국들은 주로 이럴 때 금융 정책에서 긴축을 우선하고요. 그다음에는 적극적으로 재정을 활용하는 정책을 씁니다. 돈을 푸는 것과는 좀 다른 의미로, 정말로 필요한 부분에 정부가 적극적인 지원을 하는 겁니다.

글로벌하게 두 가지 방향성이 있다고 볼 수 있습니다. 큰 틀에서 재정 정책을 확장하는 방향이고요, 다른 하나는 어떤 산업에 중점을 두는지를 봐야 하는데 ESG 등이 관련된 환경 분야에 중점을 두고 있습니다. 앞으로 그 나라의 경제성장률이 원상태로 돌아가는지는 재정정책을 누가, 어떻게, 제대로 된 방향으로 쓰느냐의 승부라고 봐요. 적극적으로 타깃을 선정해서 지원을 하고 경기를 살리고 경제성장률을 올리는 정책들을 써야죠. 최종건 교수님이 설명하신 미국의 IRA 같은 법안, 공공투자 확대가 그 사례이겠고요. 일본도 마찬가지로 법인세 증세를 추진하면서 재정도 확장하고 있습니다.

미국과 일본의 대응을 보면 우리와 정확히 반대예요. 그만큼 지금 윤 정부의 정책은 글로벌 트렌드에 맞지 않습니다. IMF가 유일하게 경제성장률을 한국만 낮췄는데 이게 일본보다도 더 낮습니다. 25년만이라고 하죠. 일본처럼 장기 저성장 국면으로 갈 수도 있고, 부동산 문제까지 겹치면 경제에 큰 위기가 올 수 있습니다. 국내 정치나 외교는 잘못 하더라도 회복 탄력성이 있다고 봐요. 제자리를 찾아갈 수 있죠. 선거 때가 돌아오고 정권이 교체되면 회복할 수 있어요. 하지만 경제는 한 번 틀어지면 그 길로 계속 가는 현상을 보이거든요. 그래서 굉장히 민감하게 잘해야 하는데, 이 정부가 어떤 기조를 가지고 대응하는지 확인이 잘 안 됩니다.

사회자 그게 현 정부의 경제정책이 정말 뭐를 향하는지 알 수 없을 만큼 엉망진창이거나 아니면 내용이 없다는 얘기인가요? 아니면 뭔가 있긴 한데, 위원님이 동의하지 않는 정책들만 추진된다는 말인가요?

이광수 둘 다인 것 같습니다. 아까 이 정부의 특징이 말과 행동이 다르다는 말씀을 드렸는데요. 다른 측면에서 보자면 최종건 교수님이 말씀하신 것처럼 철학이 없는 것 같아요. 경제에도 철학이 필요하거든요. 쉽게 말해서, 난 뭘 위해서 투자하겠다, 미래의 전략을 이걸로 잡고 있다, 이런 철학이 필요한데 아무것도 없는 거죠. 예를 들어, 재정건전성이라 칩시다. '우리 공기업 빚 줄여서 뭘 할 건데?'란 질문에 대한 답이 있어야죠. 그게 아니면 그저 재정건전성을 위한 재정건선정이 되는 거죠.

최종건 정치학자 입장에서 보면, 지금 시장 상황이 어렵다는 건 결국 리세션(recession, 경기후퇴의 초기 국면에서 경기가 하강과정으로 들어서는 전환단계)이란 걸로 이해되고요. 이번 리세션은 두 가지 요소 때문에 더 심각한 것 같습니다. 하나는 역병으로 인한 팬데믹, 그리고 다른 하나는 우크라이나 전쟁이죠. 이 두 가지에서 파생되는 문제가 더 심해지는 건데, 그럴 때일수록 국가의 역할이 더 중요합니다.

국가는 결국 공공재를 창출해서 시장 기능을 어느 정도 보완하고, 그다음으로는 신산업을 육성해야 하죠. 계속 혁신 말씀을 하시니까 떠오른 건데, 결국 미래 먹거리를 어떻게 만드는가의 문제입니다. 미국 역시도 본인들이 했던 정책 기조에서는 약간 어색하지만 보호무역, 혹은 신보호무역을 통해서 시장을 지키려고 하고 있습니다. 다른 나라에 있는 사람과 산업을 자기네 나라로 데리고 오려고 하잖아요. 그리고 '중국 물건은 사지 마, 중국에 팔지도 마.'라고 하는 것이고요. 반시장적

이긴 하지만 그들 입장에서는 이득이 되는 방향입니다.

이광수 산업전략인 것이죠.

최종건 마지막으로 복지를 확충해서 잠재적 소비자들이 비용을 비축하게 하고, 나중에 다시 시장에서 소비할 수 있도록 유도해야 합니다. 그런데 윤석열 정부는 현재에 대응하고 미래를 대비하기보다는 늘 과거와만 싸우고 있는 것 같아요.

앞서 철학이 없다고 했는데, 철학이 없다는 건 결국 실력이 없다는 말이에요. 정권 뺏기고 5년 동안 공부하거나 더 나아진 게 없는 거죠. 5년 전의 중국과 지금의 중국이 다르고, 5년 전의 미국과 지금의 미국이 다르며, 5년 전의 북한과 지금의 북한도 다른데, 그런 걸 따라가지 못하고 있습니다.

사회자 5년 전과 지금을 동일시하는 것만 해도 사실 시대착오적이라고 말할 수 있을 것 같습니다.

윤석열 정부는 현재에 대응하고 미래를 대비하기보다는
늘 과거와만 싸우고 있는 것 같아요.
앞서 철학이 없다고 했는데,
철학이 없다는 건 결국 실력이 없다는 말이에요.
정권 뺏기고 5년 동안 공부하거나 더 나아진 게 없는 거죠.
5년 전의 중국과 지금의 중국이 다르고, 미국도 북한도 마찬가지죠.
그런 걸 따라가지 못하고 있습니다.

이광수 네, 시대착오적 인식이 많습니다. 이게 미래를 대비하는 데도 영향을 미치죠. 낙수효과가 1980년대에 먹히던 얘기라고 말씀드렸는데, 반도체도 비슷한 예입니다. 현 정부의 경제 정책은 지금 시점에서 잘 되는 것만 보는 것 같아요. 예를 들어, 지금 반도체가 잘 팔리니까 대학에다 대고 '어라? 반도체학과가 없네? 반도체학과 만들어야지.'라는 식인 거죠. (일동 웃음) 그런데 반도체가 향후 어떻게 될지 모르잖아요. 중국이 맹렬하게 따라오고 있고, 10년 정도면 추격당해서 경쟁력을 상실한다고 보기도 해요. 특히 메모리 분야는 더 그렇습니다. 게다가 시스템 반도체의 경우 사실 인력으로 하는 싸움도 아니고 투자로 하는 건데, 지금 장사가 잘 된다고 인력 양성을 하자고 말하는 건 근시안적인 겁니다.

최종건 닦고 조이고 기름치고, 옛날 자동차 고치듯이 일하는 것 같아요.

이광수 그런 거죠. 우리가 박정희 시대 얘기를 많이 하지만, 박정희 대통령은 경제로만 보면 미래 비전이 있었던 거잖아요. 박정희 시대에 우리나라가 1차 산업구조였는데, 윤석열 정부가 하는 식이라면 그때 쌀 농사를 장려하고, 농업학교를 많이 만들었어야 하는 거죠. '우리나라 쌀이 맛있어. 동남아 쌀과 달리 우리나라 쌀은 꽉 찼어. 그러니까 쌀 생산을 늘리자.'라고 말입니다. 그러나 박정희 대통령은 그러지 않았어요. 인프라를 깔고 중화학공업을 육성했죠. 이렇게 미래 산업을 봐야 하는데 지금 잘 되는 반도체학과 정원을 늘리자는 건 1960년대로 치면 농업학교를 늘리자는 것과 크게 다르지 않다는 생각입니다.

최종건 박정희 전 대통령이 스스로 미래 비전이 있었는지는 검증 대상이지만, 100번 양보해서 당시 경제 관료의 전문성을 믿은 부분은 인정할 수 있습니다. 서강학파 출신들, 미국 LA나 버클리 같은 곳에서 공부했던 학자들의 말을 받아들이고 중용했죠. 그런데 지금 윤석열 대통령이 하는 말을 보면 앞뒤가 너무 안 맞아요. 원전 하자고 하면서 핵무장도 하자고 합니다. 이런 말은 어디서 나왔을까요? 저는 "우리도 금방 만들 수 있다면서…"라는 대통령 발언에 주목했습니다. 이걸 누구에게 물어본 걸까요? 만약에 대통령이 대한민국 외교부나 국방부나 과기부에게 '우리가 핵 만들 수 있냐?'라고 물어봤다는 뜻이면 이거 정말 무서운 일이거든요. 혹은 그보다 더 무서운 건 그 참모나 관료들 중 누가 "각하, 우리가 금방 만들 수 있습니다." 라고 했다는 것이고요.

주먹구구식 정책,
반도체학과 정원 1만 명 증원

김성회 제가 보기에는 민간 쪽에서 각각의 이슈에 대해 다른 이야기를 하는 사람이 있는 것 같습니다. 이게 전반적으로 보면 민원형 경제발전 정책입니다. 누가 나한테 와서 민원을 넣느냐에 따라 달라져요. 대표적인 분야가 원전하고 반도체인데, 원전은 딴 게 없어요. "각하, 이렇게 저렇게 되어서 지금 신재생에너지니 태양광이니 하는 걸 운동권들이 다 해먹고 있습니다. 원전으로 돌아가야 합니다." 이런 얘기를 하니까 "맞는 말이네. 다 때려잡아야 해!"라면서 신재생에너지 쪽을 대책 없이 축소하고 있잖아요.

이를 상징적으로 보여주는 대목이 삼성의 RE100 선언입니다. RE100은 재생에너지(Renewable Energy) 100%의 약어입니다. 그리고 RE100 선언은 2050년까지 기업이 사용하는 전력 100%를 재생에너지로 충당하겠다고 약속하는 글로벌 캠페인이죠. 기업들이 자발적으로 참여하는 캠페인이지만 전 세계를 대상으로 활동하는 기업들 입장에서는 무시할 수 없는 국제적 흐름입니다. 우리나라도 이미 여러 기업이 RE100에 참여의사를 밝힌 바 있고요. 그런데 얼마전 삼성이 RE100 선언을 하면서 별도로 국내 언론사에는 '보도 비중을 좀 줄여달라.'라고 부탁을 했다는 말이 있습니다.

기업이 신재생에너지를 쓰는 걸 선언하면서 정권 눈치를 보고 있는 겁니다. 오히려 정부가 나서서 기업이 신재생에너지를 생산해 외국으로 수출할 수 있는 환경 조성에 신경을 써야 하는데 그런 건 당연히 안 하고 있죠.

지금 윤석열 정부는 원전을 그린에너지로 인정받을 수 있다고 자신하는 것 같습니다만, 쉬운 일이 아닙니다. 일단, 고준위 폐기물을 영구적으로 폐기할 시설을 만들어야 그린 택소노미(Green Taxonomy)* 기준에 포함이 되는데, 여기에 대한 얘기는 일절하지 않고 그냥 '원전을 일단 개발시키자.'라고만 하고 있습니다.

* 유럽연합의 환경에 관한 가이드라인. 환경에 중대한 악영향을 주지 않는 '그린Green'으로 간주될 수 있는 경제활동을 규정하면서, 어떤 사업이나 제품이 환경적으로 지속가능한지에 대한 기준을 제시하고 있다. 2020년 6월 첫 발표 당시엔 원자력발전과 천연가스가 포함되지 않아 이를 두고 논쟁이 계속됐다. 2022년 7월, 천연가스와 원전에 대한 투자를 '그린 택소노미'로 분류하는 규정안이 통과되었다.

이광수 정말 세간의 말처럼 윤 대통령의 정보 소스가 유튜브, 그것도 극우 유튜버들의 채널인 걸까요?

김성회 관료들 얘기를 듣기보다는 차라리 그랬을 가능성이 더 크죠. (일동 웃음) 반도체도 마찬가지 차원인 것 같습니다. 최종건 교수님이 말씀하신 것처럼 7시 회의든 8시 회의든 거쳐서 9시에 대통령이 보고를 받고 그 틀 안에서 말을 해야 하잖아요. 이런 보고 체계 없이, 본인이 하고 싶은 아이디어를 말하고 있다는 증거가 바로 이광수 위원님이 말씀하신 반도체학과 정원 문제죠. '야, 한 1만 명쯤 늘려봐.'라고 툭 튀어나오는 겁니다. 대체 어디에 뭘 어떻게 늘립니까. 4차 산업혁명의 범위에서, 예를 들면, AI도 있고 코딩도 있고 미래 먹을거리 산업이 여러 종류가 있는데 갑자기 반도체학과 정원 문제가 툭 튀어나와요.

1만 명이라는 숫자는 지난 2015년 이후 교육부가 대학구조조정을 통해 수도권에서 줄인 8000명과 비슷한 규모입니다. 인구감소와 국토 균형발전에 맞춰서 줄인 인원이 그 정도라고요. 원상복귀 하자고 하니까, 약간 수정해서 수도권 5천, 지방 5천으로 금방 바꾸더군요. 지난 10년간 추진했던 정책 맥락과

반도체학과 정원 문제를 보면
'야, 한 1만 명쯤 늘려봐.'라고 툭 튀어나옵니다.
대체 어디에 뭘 어떻게 늘립니까.
4차 산업혁명 안에 AI도 있고 코딩도 있고
미래 먹을거리 산업이 여러 종류가 있는데
갑자기 반도체학과 정원 문제가 툭 튀어나와요.

상관없이 반도체학과만 갑자기 1만 명 늘리자고 하는 제안을 과연 교육부나 산업부와 상의를 했을까, 이런 의구심이 드는 거죠. 우리나라 관료들이 아직은 대통령이 말하면 얼추 그 일이 이루어지도록 일을 하니까, 결국 누가 대통령 귀에 민원을 넣느냐에 따라 국가 산업의 우선순위가 정해지고 있는 것이 아닌가 하는 의심이 들 지경입니다.

최종건 '시스템에 대해 나는 잘 몰라. 잘 모르지만 뭐 이렇게 좀 해서 만들어봐. 1만 명 늘려봐.'라는 식으로 일을 하는 게 아닐까 싶습니다. 이 문제는 제가 학교에 있기 때문에 더 민감하거든요. 대학교에서 학과 정원은 성역이라 함부로 건드릴 수가 없습니다. 한 학과의 존폐가 걸려 있는 문제잖아요. 갑자기 몇 명 만들어내라고 하면 다른 학과에서 그만큼을 빼야 하는 상황입니다. 절대적 증원이 되지 않는 한은 그렇습니다. 그런데 수도권에 1만 명이면 산술적으로 수도권에 100개 대학이 있다고 쳐도 한 학교당 100명씩 증원해야 하는데, 게다가 지금처럼 학생들이 줄고 있는 시기에 더더구나 말이 안 되는 얘기인 거죠.

김성회 교수님처럼 항의하면 '지금까지 적폐 관료들이 이런 식으로 혁신을 막아왔다. 그러니까 다 무시하고 그냥 1만 명 늘려!'로 생각이 이어질 거예요. 무조건 대통령이 시키는 대로 하라는 거죠. 그러면서 본인은 '안 되는 것을 할 수 있게 만드는 사람', '관료들과 적폐들이 방해하는 카르텔을 깨는 사람'이라고 생각하고 있을 겁니다.

최종건 취임 초 프리미엄을 준다고 해도 너무 나간 정책이에요.

이광수 경제라는 건 결국 잠재성장률이 굉장히 중요하거든요. 잠재성장률을 높이기 위해선 세 가지가 중요합니다. 하나는 노동인데요. 인구가 증가하면 잠재성장률도 증가하죠. 그런데 한국은 인구가 줄고 있습니다. 두 번째는 자본인데요. 자본의 효과도 우리나라는 제조업 고도화를 넘어서는 단계이기 때문에, 일본 사례처럼 자본을 투입하면 성장률이 나오는 구조가 끝나가고 있다고 봐야 합니다. 세 번째가 생산성, 총요소생산성이라고 하는 건데, 각 요소들이 융합하고 만들어내는 혁신을 통해서 경제가 성장할 수 있다는 겁니다. 혁신이 일어나려면 가장 큰 전제조건이 격차가 적어야 한다는 겁니다. 임금 격차와 빈부 격차가 줄어들어야 하는 거죠. 그래야 혁신이 발생할 수 있습니다. 못 살면 보수화가 되지 않습니까? 그런데 우리는 격차가 점점 더 벌어지는 사회입니다.

김성회 좀 더 순화해서 표현하면 '경제 위기가 오면 포퓰리즘이 득세를 한다.'는 그런 얘기가 되겠네요.

격차가 크면 혁신이 일어나지 않는다

이광수 격차 문제에 대해 이야기를 하자면 대기업과 중소기업 사이에 이렇게 차이가 큰 나라는 별로 없습니다. 얘기를 듣기로는 대기업들에서 구매 파트가 생각 외로 힘이 세다고 합니다. 기술을 개발하는 곳이 힘이 센 게 아니라 누가 더 싸게 사오느냐가 더 중요하다는 말이죠.

김성회 중소기업 물품을 구매할 때 중소기업이 겨우겨우 운영은 되지만 큰돈은 못 벌게 이윤 수준을 착취와 사업의 경계선에서 줄을 타도록 하는 게 대기업 구매 파트의 일입니다. 중소기업이 기술을 발전시키고 노동자에게 정당한 임금을 줄 방법이 없는 거죠.

이광수 이러면 중소기업은 대기업에 완전히 종속이 되어 혁신에 나설 수가 없습니다. 중소기업들도 실력 여하에 따라 이윤율을 높일 수 있고, 기술 혁신에도 더 나서고 '우리도 대기업이 될 수 있어.'라는 마음을 품게 해야 합니다. 아예 초장부터 밟아버리고 기술도 뺏는, 지금은 그런 구조입니다. 이렇게 기업 안에서 나는 격차가 있고요. 두 번째로는 임금 격차도 크죠. 대기업에 다니는 사람과 중소기업에 다니는 사람과 임금 격차가 너무 큽니다.

성장률을 높이기에는 삼성전자보다 중소기업 성장률을 높이는 게 훨씬 쉽습니다. 규모가 작으니까요. 성장하는 중소기업이 많아지면, 더 좋은 인력이 많이 가서 혁신이 일어나게 되겠죠. 중소기업이 대기업이 되는 경우도 늘어날 겁니다.

한국의 대기업들도 1960년대부터 1980년대까지는 변동이 컸습니다. 없던 기업이 새로 생기기도 했고요. 과거에 잘나가던 대기업 중 지금 없는 기업들도 많습니다. 그런 역동성이 있었죠. 그런데 21세기 들어서 한국의 대기업에 신규 진입한 기업은 네이버(NHN)나 카카오 정도입니다. 이건 혁신이 아닙니다. 왜 혁신이 아니냐 하면, 내수산업이잖아요. 우리 내부에서 주고받는 것이거든요. 우리나라 내수시장의 GDP 비중이 한 20% 밖에 안 됩니다. 여기에선 혁신이 일어나더라도 경제성장률에 큰 도움이 되지 않습니다.

사회자 네이버나 카카오 같은 온라인 기반 업체의 성장이 우리 사회를 혁신으로 이끄는 건 어려울까요?

이광수 지금으로선 한계가 있다고 생각합니다. 한국처럼 제조업 비중이 높은 나라에선 해당 영역에서 치고 올라오는 기업이 있어야 합니다. 그런데 대기업과 중소기업 간 규모 격차와 그 종사자들의 임금 격차 때문에 지금은 그럴 수가 없습니다. 네이버나 카카오에서 혁신이 일어난 이유도 입사 임금이 높았기 때문이라고 생각합니다. 대우도 잘해주고 스톡옵션도 줬으니까요. 그런데 누군가 제조업 쪽 중소기업을 간다고 치면, 얼마나 임금 격차가 큽니까. 누가 가냐는 거죠. 저도 대기업에 다니지만 격차가 너무 심합니다.

한국이 비정규직 비율이 굉장히 높잖아요. 저는 이건 대기업과 중소기업의 차이일 뿐이라고 생각하거든요. 그런데 대기업의 비정규직으로 일하는 게 중소기업의 정규직보다 훨씬 임금이 높은 상황입니다. 결국엔 큰 틀에서는 구조적으로 대기업이 훨씬 더 많은 이익을 가져가는 게 문제라는 것이죠.

인력편중 현상이 심해지면 점점 고착화되면서 결국 총요소생산성이 떨어지게 됩니다. 우리나라 잠재성장률이 1% 후반대로 떨어졌는데, 앞으로는 2~3%대 성장을 추구해도 잘 안 될 거라는 얘기입니다.

사회자 우리가 일본을 따라간다고 많이 하는데, 우리도 일본처럼 일상적인 저성장으로 가게 되는 걸까요?

이광수 그렇죠. 일본과 디테일에서는 차이가 나도 저성장 기조로 가는 건 유사합니다. 실질성장률이 떨어지기 때문이죠. 물가상승률이 성장률보다 높아지는 겁니다.

올드 보이들이 노동과 교육 혁신을 한다고?

김성회 총요소생산성 부분에 있어서, 무엇보다 중요한 건 노동자이고, 양질의 노동인력을 만들려면 양성 방식에 손을 대야 하는 게 아닌가 하는 생각이 들었습니다. 첫째로 어떻게 교육시켜서 노동인력을 길러내느냐가 중요하고, 둘째로 노동시장에 들어온 이후 노동을 어떻게 대우하느냐가 중요하다고 생각합니다.

윤석열 정부의 교육철학을 볼 수 있는 게, 국가교육위원회 위원장으로 이배용 씨를 임명했어요. 이분의 나이가 칠십대 중반인가 그렇습니다. (일동 웃음) 이화여대 교수셨고 지난번 박근혜 정부 시절 역사교과서 국정화 작업에도 깊숙이 관여했죠. 청와대 추천으로 국정교과서 편찬심의위원을 지낸 인물입니다. 노동에서는 사측과 노측과의 관계정립을 정부가 정리하려고 만든 게 경사노위인데요. 이곳의 위원장을 1970년대의 노조 경험을 가지고 있는 김문수 씨를 임명하면서 여기에 문제가 없다고 보고 있는 이 구조, 대단히 문제라고 생각합니다.

사회자 김문수 위원장의 노조 경험은 이제 반세기가 지났네요. (일동 웃음)

김성희 그것과 별개로 저는 아이들 둘이 입시철을 거치고 있어서 살펴보니까 심각하게 느끼는 것이 있습니다. 바로 의대 문제입니다. 예전에는 해마다 입시 점수 순위를 보면 물리학과가 탑클래스인 해도 있고 전자공학과가 올라갔다가, 컴퓨터 공학과도 올라갔다가 그랬던 것 같거든요. 그런데 이제는 전국 의대를 한 바퀴 다 돌고 난 다음에, 서울대 다른 이공계 학과가 순위에 나옵니다. 문제는 여기서 그치는 게 아니라 '7수할 때까지 의대를 들어가면 그래도 남는 장사다.'라는 계산이 나와 있다고 합니다. 상위권 대학의 이공계 대학을 다니는 학생들이 지속적으로 반수를 하고 있는 거예요. 학교를 다니고는 있지만, 그 학교를 다니는 게 아니라 계속 의대 진학을 위해서 연습하고 훈련하는 상태인 거죠. 반수하는 학생들을 전문으로 봐주는 사교육 기관이 있을 정도예요. 그 학원에서 의대에 엄청난 숫자를 합격시킵니다.

윤석열 정부에서 국가교육위원회 위원장으로 이배용 씨를 임명했어요. 이분의 나이가 칠십대 중반입니다. 지난 박근혜 정부 시절 역사교과서 국정화 작업에도 깊숙이 관여했죠. 노동에서는 사측과 노측과의 관계정립을 위해 경사노위를 만들었는데, 위원장으로 1970년대의 노조 경험을 가지고 있는 김문수 씨를 임명했어요. 여기에 문제가 없다고 보는 이 구조, 대단히 문제라고 생각합니다.

사회자 서울대 의대를 제일 많이 보내는 학교가 서울대라는 우스갯소리도 돌아다니더군요. 이게 농담이 아니라 팩트라는 게 아찔합니다.

김성회 서울대 이공계 학과에 다니는 대학생들은 학교 수업을 듣는 게 아니라 계속 의대시험 준비를 하는 구조인 거죠. 게임 프로그램 회사를 하는 CEO를 만나서 얘기를 들어보면, 업계에 흥미를 가지고 끓는 마음으로 덤벼드는 인재들을 옛날만큼 찾기가 어렵다고 합니다. 개인의 욕망을 통제할 수는 없으니까요. 최고 이과 인재들이 모두 의대에 가 있다면, 차라리 우리가 바이오산업을 육성해야 하나, 뭐 그런 생각도 듭니다. (일동 웃음)

여하튼 우리나라 교육시장, 인재공급 과정이 얼마나 왜곡되어 있는지를 보여주는 사례인 거죠. 아마존, 애플, 페이스북, 구글 같은 미국 대기업들은 30년 전에는 세상에 없던 기업들이었는데, 아 죄송합니다. 애플은 있었군요. 여하간 그럴 정도로 변화가 심한데 우리나라는 30년 전 재벌그룹들이 순위만 조금 바뀐, 역동성이 없는 구조입니다. 이대로 가면 정말 위험하다는 생각이 듭니다. 그 역동성 없음이 대학에서도 확인되지요. 예전에는 최소한 서울대에 다양한 전공의 인재들이 모이는 구조라도 있었습니다. 서울대 집중에 대한 논란은 차치하더라도요. 지금은 앞에서 말씀드린대로 전국의 의대가 상위 랭킹을 차지하고 그다음 서울대 공대가 등장합니다.

최종건 일본처럼 될 것 같아요. 되는 것도 없고 안 되는 것도 없고, 침체도 아닌 것이 침체인 것 같고, 성장도 안 되는, 그런 교착에 빠진 사회가 되는 거죠. 두 사회 모두 구조가 비슷하게 가는 것 같습니다. 앞서 말씀드린 것처럼 '리세션'(Recession) 상황이고, 물가는 오르는데 성장률은 낮아지는 저성장 국면으로 가니까요. 계속 어중간해질 거 같아요. 게다가 미래를 준비하는 개인들의 욕망은 죄다 의대와 로스쿨로 흘러가버리니 발전을 할 수 있을까 싶습니다.

사회자 이왕 의대에 인재가 몰린 이상 적극적으로 바이오산업을 육성하면 되지 않을까요? (일동 웃음)

김성회 바이오산업 어쩌구는 지금 현상이 이러니까 궁여지책으로 짜낸 생각인 거죠. 농담을 다큐로 받으면 안 됩니다.

이광수 하나 덧붙이자면, 미국 같은 나라의 바이오 혁신 기업들은 의대 출신들이 만들지 않았습니다. 수학이나 물리학이나 전기 등등을 공부한 쪽에서 만든 경우가 많아요.

최종건 바이오만 국한된 건 아니고, 미국의 스타트업들 중에는 대학 입학만 하고 중퇴한 이들이 세운 경우가 많습니다. 빌 게이츠도 그렇고 스티브 잡스도, 마크 저커버그도 모두 중퇴자들이죠.

김성회 의대의 지위가 높아졌다는 걸 뒤집어보면 의대 정원이 너무 적다는 말이기도 합니다. 이렇게 되면 정책 영역의 문제인 거죠. 저 경쟁만 뚫으면 아무런 문제가 없는 세상을 만들어줬던 게 행정고시나 사법고시 같은 것이었는데, 그 고시들의 힘은 사라졌지만 의대의 지위는 더 공고해졌죠.

최종건 교육계에서도 계속 논의되고 있는 문제입니다. 예를 들어, 철학과를 나오면 인간의 삶이 매우 철학적으로 불투명해지는 거잖아요. (일동 웃음) 인문사회계열이 다 마찬가지지만요. 그런데 국가가 졸업 이후의 삶을 보장하는 것 자체가, 첫 번째로 민주주의 원칙에 부합하는 것인가라는 생각이 듭니다. 두 번째로 우리는 지금 거의 포스트 산업화 단계로 나아가고 있는데 어떤 영역의 인재가 필요한지를 미리 알고 투자할 수 있을까, 한다 해도 의미가 있을까, 이런 문제가 있죠. 앞서 반도체학과에 대한 비판도 그래서 나온 것 아니겠습니까?

김성회 최 교수님 논의에 이어 붙여보자면, 로스쿨은 학부에서 법학과를 없애면서 안착이 될 수 있었어요. 반면 의대는 의학전문대학원이란 걸 만들었지만 동시에 의예과를 존속시키면서 의학전문대학원 출신들을 일종의 2등 시민으로 만들어버렸습니다. 어떤 대학은 의전원을 폐기했고, 점점 더 폐기하는 쪽으로 가고 있습니다. 지대추구의 영역을 어떻게 줄이고 미래 먹을거리를 어떻게 창출할 것인가가 정책의 영역인데 윤석열 정부는 이런 데 아무 관심이 없는 거죠.

이광수 저는 다양성이 늘어나고 격차가 줄어야 한다고 생각합니다. 예를 들면, 대기업에서도 홍보 책자를 만들려면 국문학과 나온 사람과 디자인학과 나온 사람이 필요합니다. 그런데 지금은 외주로 엄청난 헐값에 일을 주고 있죠. 제 동문 중 하나는 호주에 가서 용접을 하고 있는데, 거기서 호주의 대기업 연봉보다 훨씬 많이 받는다고 합니다. 우리가 꼭 저 방향으로 가야 한다는 건 아니지만, 최소한 지금과 같은 격차가 줄어야 다

양성이 확보될 수 있다고 생각합니다. 철학과 나온 친구와 공대 나온 친구의 차이가 너무 크면, 그걸 줄이려는 노력을 해야 다양성이 이루어지는 거죠.

최종건 지금 토론이 경제 정책에서 교육 얘기로 흘러가고 있는데, 좀 뻔한 귀결인 거 같아서 다른 방향으로 바꿔야 할 것 같습니다. 당연히 교육도 중요하지만 여기서 우리가 교육 이야기를 하려던 건 아니고, 전문성을 가진 것도 아니니까요.

현재의 임금 격차 구조는 오래된 현상이 아니다

김성회 예전에 직접 설문을 한번 해보기도 했고 누가 썼던 글을 본 적도 있는데요. 1960년대부터 1980년대 무렵까지 우리 부모들이 뭘 해서 얼마나 벌었나, 혹은 부모님들이 처음 다니던 직장 때 얼마나 벌었는지 확인해보면 지금과는 굉장히 다릅니다. 가령 1980년대와 1990년대엔 택시 운전을 하는 분이 웬만한 대기업 부장보다 월급을 더 많이 받던 일도 있었습니다.

사회자 듣고 나서 떠오른 건데 2001년작 영화 〈친구〉를 보면 작중 주인공 상택(서태화)이 마약 중독된 친구 준석(유오성)을 만났을 때, 준석이 상택더러 나중에 자기 늙으면 개인택시 하나 사준다는 약속을 해달라고 하죠. 작중 배경이 1980년대 초반이었을 겁니다. 개인택시가 뭔가 든든한 보험 같은 이미지였지 싶네요.

김성희 제가 80-90년대의 택시기사 이야기를 꺼낸 건, 우리가 지금 고착화된 것처럼 생각하는 현재의 임금 테이블, 마치 신분처럼 격차가 벌어진 이 구조가 사실 우리에게 오랫동안 익숙한 구조는 아니라는 겁니다. 불과 20~30년 전만 돌아보더라도 통계상으로도 대기업과 중소기업의 임금격차가 지금처럼 크지 않았습니다. 1990년대까지만 해도 중소기업의 근로자들도 대기업 근로자들의 한 80% 정도까지는 받고 있었어요.

지금은 우리나라 정규직 노동자의 평균 근속 연한이 7년 정도밖에 되지 않으니, 어차피 평생직장이란 건 이미 사라진 상태입니다. 대통령이 '귀족 노조'라 상정하는 금속연맹 소속의 몇 개 대기업 노조들은 지극히 일부의 사례일 뿐이에요. 실상 게임의 메인 플레이어라고 볼 수도 없습니다. 이 사람들을 논외로 하고, 이 임금 격차를 어떻게 할 것인지 얘기를 해야 합니다.

1990년대까지는 본인이 중산층이라고 생각하는 비율이 전체 국민의 70% 정도였어요. 더 나은 미래를 꿈꿀 수 있었던 시절이 있었죠. 양극화가 심화되기 시작한 건 IMF를 기점으로 보는 분도 있고 조금 앞서부터 시작됐다고 보는 분도 있습니다만, 2000년대로 오면서 지금의 양극화된 구조가 들어서기 시작했습니다.

양극화는 하나의 집단으로 존재하던 중산층이 상위 20%와 그 아래로 격차가 벌어지고 있는 거예요. 그러니 꿈이 사라지고 계층이 고착화되는 느낌을 받죠. 결국 이것도 정치의 영역으로 돌아옵니다. 저 역시 마땅한 해법을 가지고 있는 것은 아닙니다만 중산층을 어떻게 복원할 것인지 장기적으로 논의를 해봐야 한다고 생각합니다.

에너지 전환, 남은 시간이 없다

이광수 마지막으로 꼭 짚고 넘어야 할 것이 RE100입니다. 당장 애플, 마이크로소프트, 아마존 같은 곳은 2030년까지 신재생에너지로 만들어진 제품을 납품하지 않으면 거래를 중단하겠다고 선언한 상황이에요. 윤석열 정부가 끝나는 게 2027년이거든요. 윤석열 정부 시기에 아무것도 안 하면 3년 밖에 남지 않습니다. 그때 가면 대비할 수가 없어요. 이 정부에서 준비를 안 하면 그다음 정부가 아무것도 할 수 있는 게 없어요. 3년밖에 없는데, 현 정부의 무신경 때문에 지금 리스크가 너무 커진 상황이에요.

김성회 대통령이 원전 확대를 얘기하고 정부가 신재생에너지에도 투자를 안 하는데 어떻게 대비를 하겠습니까. 책임은 정권이 지는 거지 공무원들이 지는 게 아니니까요.

이광수 아까도 말씀드렸지만 정치는 다시 돌아가자 그러면 돌아갈 수 있어요. 하지만 경제는 한 번 기울면 갑자기 돌이키기가 힘듭니다, 특히 친환경 문제라든가 에너지 전환 그리고 혁신산업 문제에서 우리나라는 전혀 준비가 안 되고 있어요. 우리나라 제조업은 탄소 배출량의 40%~50%를 차지하는데 대부분 중화학기업입니다. 지금 정부에서 하지 않고 다음 정부에서 한다는 건 불가능합니다.

사회자 아까 삼성이 RE100 선언을 국내에서는 보도를 자제해 달라고 요청했다는 이야기도 있었는데, 국내 다른 기업들을 포함해 이 부분에서 기업들이 치고 나갈 여지는 없나요?

이광수 삼성은 RE100 선언을 했는데, 그게 실현되려면 생산에 사용되는 전기가 100% 신재생에너지여야 합니다. 그런데 전기를 다 한국전력에서 받잖아요. 한국전력에서 변화가 없으면, 삼성이 발전소 만들고 각종 기반 시설을 다 만들어야 하는 겁니다. 나중을 생각하면 엄청난 중복투자가 되는 거죠.

김성회 국내법상 전기 생산은 민영화가 되어 있는데, 전기 판매는 한전만 합니다. 그러니 정부가 정책을 바꾸지 않으면 삼성이 친환경 에너지를 살 수 있는 방법이 없어요. 그렇다면 자체 신재생 에너지 발전소를 삼성이 직접 지어야 한다는 말이 되죠. 이렇게 생산한 에너지를 한전에 팔고, 한전이 이걸 다시 삼성에 되파는 방식을 거쳐야 할 겁니다. 이게 도대체 무슨 낭비입니까? 윤석열 대통령은 예전에 후보 시절 TV토론 때 RE100이 뭔지 몰라서 홍역을 치른 기억 때문인지, RE100 얘기만 나오면 싫어하는 것 같습니다.

사회자 그럼 결국 삼성이 RE100을 지켜가면서 납품하려면 해외 공장에서 만드는 수밖에 없겠네요.

이광수 그렇죠. 그래서 지금 국내 기업이 해외로 다 나가야 하는 게 아니냐, 라는 얘기까지 나오고 있습니다. 우리나라 신재생에너지 비율이 개발도상국보다 낮은 7% 정도예요. 이번 정부가 시간을 낭비하면 정말로 아무것도 할 수 있는 게 없어요. 이렇게 되면 다음 정부는 싫어도 전임 윤석열 정부를 탓하면서 임기를 보내게 될 확률이 높습니다.

김성회 외교·안보 때 나온 이야기인데, 미국이 4330억 달러를 들여 정부 보조금 및 세액공제 형태로 친환경 에너지 사업을 육성한다고 했잖아요. 이게 한화로 환산하면 500조 원이거든요. 미국은 우리나라 1년 예산만큼을 투자해서 친환경 에너지산업을 육성하고 있는데, 우리나라 대통령은 원전으로 모든 문제가 해결됐다고 생각하는 것 같습니다. 딱 '왜 이래. 원전은 친환경이야. 그린 에너지야.'라고까지만 말하는 거죠.

문재인 정부에 대한 가장 큰 오해 중 하나가 탈원전인데, 문재인 정부의 원전 운영 정책은 2029년까지 사용 비중을 늘리는 것이었습니다. 원전 비중을 문재인 정부 때 줄인 것도 아니죠. 원전은 원전대로 둔다 치더라도 다른 친환경 에너지 육성 대책이 나와야 하는데, 그건 전혀 없습니다. 신재생에너지, 태양광의 경우 수사해서 줄이려고나 하고요. 대통령과 주변 사람들이 미래산업에 대한 기본적인 인식 구조가 없는 상태입니다. 그러면서 '그냥 옛날에 하던 식으로 하면 된다.'에 그치니 문제 해결이 요원해 보입니다.

최종건 이것도 그럼 원전 업계에 대한 배임 아닙니까? (일동 웃음)

이광수 원전을 개발한다면, 그것도 좋습니다. 그러면 지금부터 지을 준비를 해야 합니다. 부지부터 선정하고 시작해야죠. 아무런 구체적인 계획도 없잖습니까?

김성회 원전 추가 건설은 대통령이 다보스포럼 가서 하겠다고 말을 했더니 대통령실에서 그럴 계획이 없다고 해명했을 정도입니다. 대통령은 그냥 막연하게 원전 더 지으면 된다고 생각하는 것 같습니다. 당연히 구체적인 계획은 없고요.

최종건 기후변화에 따른 탄소 정책은 정권과 상관없이 대한민국 정부가 세계에 공약한 거잖아요. 2030년에는 현재 대비 40% 깎겠다고 했고, 2050년에는 탄소 중립화 간다는 목표가 일본보다 더 앞서서 국제적인 신뢰를 받았던 겁니다. 그런데 윤석열 대통령이 만약에 이걸 좀 열심히 해보다가 '한 2년 정도 해보니까 너무 어렵다. 좀 수치를 낮추자,'라고 하는 거면 어쩔 수 없겠는데요.

이광수 정책이 후퇴할 수도 있고 안 한다고 할 수도 있어요. 그래도 어떤 결과가 나오는지는 알아야 합니다. 당장 우리 기업들의 수출이 어려워집니다.

최종건 유럽 시장은 아예 진입이 안 되죠.

이광수 유럽에서 탄소국경세 같은 게 도입되고 있는데, 한국은 전혀 준비가 안 된 상황이 발생할 수 있습니다. 절대적으로 준비를 해야 하는 시기인데, 교묘하게도 현 정부 임기와 겹쳤습니다. 보통은 한 정권이 5년 동안 미뤄도 다음 정권에서 준비해서 따라잡으면 되지만, 이건 정말 고약한 상황이 되는 거죠.

사회자 정내권 기후변화 대사가 쓴 《기후담판》이라는 책에 1980년대 말에 처음 우리나라가 지구환경외교와 만나는 장면이 나옵니다. 선진국들이 프레온가스 사용을 규제하면서 당시 우리나라가 물건을 내다팔지 못하는 상황에 맞닥뜨리는 건데, 어쨌든 그때는 수많은 노력으로 간신히 위기를 넘겼습니다만, 이번에는 유럽과 미국이 작정하고 기준을 적용하면 한국으로선 정말 도리가 없을 것 같습니다. 2020년대의 대한민국이 1980년대의 국제적 감각으로 떨어진다는 게 참담하네요.

김성회 삼성이 나서는 것 외에는 다른 방법이 없어 보입니다. 삼성이 기재부랑 산업부에서 신재생에너지 분야 사람들을 임원으로 고용하는 수밖에 없습니다. 그렇게라도 '우리가 필요한 게 이쪽 방면이다.'라고 시그널을 줘야죠. 그러면 그 일을 열심히 할 수밖에 없지 않을까요.

최종건 그런 경향은 이미 있죠. 외교부만 하더라도 이전엔 환경 담당이라고 하면 찬밥이었는데, 최근에는 외부에서 스카웃 제의가 많이 들어오는 영역입니다. 로펌에서도 들어오고요. 북핵 문제를 담당하는 이들은 연구재단에서 부르는데, 기후환경

유럽에서 탄소국경세 같은 게 도입되고 있는데,
한국은 전혀 준비가 안 된 상황이 발생할 수 있습니다.
절대적으로 준비를 해야 하는 시기인데,
교묘하게도 현 정부 임기와 겹쳤습니다.
보통은 한 정권이 5년 동안 미뤄도
다음 정권에서 준비해서 따라잡으면 되지만,
이건 정말 고약한 상황이 되는 거죠.

국 출신들은 회사에 취직이 잘 됩니다. 시장수요가 있으니까요.

사회자 김성회 소장님도 말씀하셨지만, 어쨌든 기업과 관련부서의 공무원에 기대를 걸 수밖에 없는 상황인 걸까요?

최종건 너무 큰 기대는 말아야 합니다. 정권의 역량이 없으면 공무원 조직은 돌아가지 않습니다. 공무원은 위에서 지침이 없는 한 자체적으로 '뭘 하겠습니다.'라고 할 수 없는 조직이거든요. 한국 사회에서 공무원 조직이 가장 덜 움직였던 시기가 박근혜 탄핵 이후 황교안 대통령 대행 시기였던 것 같습니다. 이 정부도 인수위 시절부터 많은 문제를 노출했죠. 안 돌아간다는 건 그저 관리만 하고, 새로운 건 전혀 하지 않는다는 말입니다.

이광수 저는 매 사안을 경제의 눈으로 보려고 하고 그중에서도 금융과 부동산을 주로 보는 사람이지만, 이 5년은 굉장히 중요한 기간입니다. 지금 갑갑하기만 합니다.

최종건 외교안보를 비롯해 올해가 진보와 퇴보의 갈림길이 될 거란 느낌이 강하게 듭니다. 어두워질 것 같아요. 요즘 이 표현을 자주 쓰는데, 대단히 어두워질 것 같습니다.

사회자 지금까지 말씀해주신 것처럼, 정치가 완전히 방치되어 있어서 외교든 경제든 대처가 안 되고 있네요. 계속 방치만 되어서는 안 되는 게 정치겠지요. 그래서 이번에는 다시 정치로 돌아와보겠습니다. 대체 어쩌다가 이런 정권이 탄생한 것인지 반성적인 복기도 한 번 해보고요. 그 이후에 향후 대안을 고민해보는 시간을 가지도록 하겠습니다.

3부 자가당착

自家撞着

같은 사람의
말이나 행동이
앞뒤가 맞지 아니하고
모순되다

김성회

정치인. 정치연구소 와이 소장, 전 열린민주당 대변인,
전 더불어민주당 제20대 대선 선대위 대변인.
1972년생. 1999년 새천년민주당 동대문을 지구당에서부터 정치를 배워왔다.
미국에서 자영업자로 10년간 식당 등을 운영한 독특한 이력을 갖고 있다.
2009년 재외국민 선거법이 통과된 후 민주당의 해외 당직자로
민주당 미주 조직 구성에 힘썼다.
투표 참여 운동의 하나로 〈나는 꼼수다〉 팀의 미주 순회공연을 기획해
2년간 LA, 워싱턴DC, 뉴욕 등을 돌며 6000명이 넘는 관객을 동원했다.
40대에 국회로 돌아와 신계륜, 정청래, 손혜원 의원 보좌관으로 일했다.
SNS 소통을 강조하며 '옳은소리'라는 구독자 23만 명의 채널을 운영 중이다.
현재 2024년 총선 출마를 준비하며 KBS 더라이브, CBS 한판승부 등의
프로그램에 출연 중이다. 함께 지은 책으로 《이재명의 9회 말 끝내기》가 있다.

윤석열 대통령은 문재인 정부를 '악'으로 규정하며 기존 선악구도와 정치 혐오에 편승하여 나타난 자칭 '공정과 정의의 사도'였습니다. 윤석열의 선거 당시 유세 연설 레퍼토리는 "무능하고 부패한 정권 교체, 상식과 일상 회복"이라는 말뿐이었지요. 시대정신과 비전 제시는 없고, 오로지 문재인 정부에 대한 실망에 기대어 '반문'만을 외치며 선거에 임했습니다.

집권 후 국가 운영에 대한 비전과 콘텐츠가 없는 윤석열 정부의 국정운영 기조는 '전 정권 탓, 전 정권 반대로'입니다. 반사할 대상이 없자 바로 드러난 윤석열 정부의 본색은 무능 그 자체였습니다. 서해공무원 사건, 북한 어민 북송 사건, 블랙리스트 수사, 탈원전 감사 등 전 정권 털기, 종부세 철폐, 법인세 감면, 문케어 제동 등에서 말도 안 되는 일이 계속 벌어지고 있습니다. 새 정부 출범 후 1년 동안 발생한 각종 사건사고, 참사의 원인은 공정과 상식이라는 허상에 가려 검증받지 못한 윤석열 개인의 무능과 그 무능을 반성하지 않은 채 개인적인 인선으로 구성한 참모진의 무능이 더해진 것이라 할 수 있습니다.

한편 윤석열 대통령은 자신의 과오나 잘못, 실수를 단 하나도 인정하지 않으려 합니다. 인사가 편중되었다는 비판에 대해 '과거에는 민변이 도배하지 않았느냐.' 식으로 대응하고 맙니다. 검찰 편중 인사, 극우주의자 강기훈 채용, 극우 유튜버 안정권 누나 채용, 외가 6촌 채용, 코바나컨텐츠 직원 채용, 지인 아들 채용 등 나열하는 것만으로 부끄러워지는 사건들입니다.

윤석열 대통령은 대선에 임하던 당시 "실패했으면 실패를 자인하고 겸손하게 정권을 내놓고 물러가는 것이 책임정치라는 민주주의 본질"이라고 발언한 바 있습니다. 하지만 '바이든-날리면' 사건이나 특히 "UAE의 적은 이란"이라는 발언 등에 대해 그 실수를 인정하지 않고 장병 격려 취지라는 해명만 반복해 이란과의 외교 문제로까지 비화하고 말았습니다. 작은 실수 하나도 자인하지 못하면서 실패를 자인하고 겸손하게 정권을 내놓을 수 있을지 의문이 듭니다.

전 정권의 통치행위를 문제 삼고 노동조합 등을 적폐로 몰아넣는 행보 역시 문제입니다. 적을 상정하지 않으면 성립하지 않는 윤석열표 법치를 잘 엿볼 수 있는 대목입니다. 상대를 악의 세력으로 규정하고 법적 가두리에 몰아넣는 단순 논법에 따라, 타협과 조정이라는 정치 본연의 역할은 실종되고 말았습니다.

윤석열 정부의 탄생 동력, '반문 이익'

사회자 앞서도 말씀드린 것처럼 외교·안보, 경제를 비롯해 우리나라 전반적으로 정치가 기능을 못해서 완전히 방치된 것만 같은 답답한 시국입니다. 정치가 어떻게 하면 다시 기능할 수 있을지 고민해봐야 할 시점인데요. 김성회 소장님은 발제문에서 윤석열 정부의 탄생 동력이 반문 이익이라고 써주셨습니다. 이것은 민주당으로서도 굉장히 아픈 이야기일 수 있겠습니다.

김성회 그렇습니다. 문재인 정부를 복기해보면, 집권 4년 차까지는 잘 운영이 됐다고 생각합니다. 여러 가지 측면에서 지지율도 괜찮았고, 남북관계도 잘 풀어가는 측면이 있었고요. 적폐청산은 좀 긴 느낌이 있었지만, (일동 웃음) 어쨌든 자리를 잡았지요.

그러다 코로나19 팬데믹 사태가 터졌습니다. 코로나 시국까지는 그래도 정부가 잘 통제했어요. 미국이나 유럽 같은 경우는 자유방임 식으로 가다가 타격을 많이 받은 반면, 우리나라는 거리두기, 몇인 이상 모임 제한, 영업시간 제한 등으로 크게 자유를 제한하지 않으면서도 시민들을 보호했지요.

여기까지는 문재인 정부의 대응이 좋았는데, 아무래도 반문세력에게 본격적인 기점이 되었던 것은 조국 사태가 아닌가 생각합니다. 다들 비슷하게 생각하실 것 같습니다.

그때를 돌이켜보면 조국 장관이 무죄라고 생각하는 쪽과 유죄라고 생각하는 쪽의 대결이 벌어지면서 중도층들이 떠나기 시작했습니다. 이때부터 부정평가가 치솟아 오르면서 여러 가지 어려움을 겪었죠. 저는 정국 판단에 있어서 긍정평가율보다 부정평가율이 의미 있다고 생각합니다. 초반 적폐청산의 주인공 중 한 사람이 윤석열 검사였지 않습니까? 그러다보니 서울지검장을 거쳐 검찰총장까지 초고속 승진을 했습니다. 조국 장관이 청문회 과정에서 윤석열 검찰총장에게 불의의 일격을 당하고, 이러한 일들이 누적되면서 문재인 정부에 대한 국민들의 평가가 달라졌다고 생각합니다.

윤석열 대통령이 검찰총장이 된 다음에는 문재인 정부에 맞서는 사람으로 이미지를 확실하게 굳혔어요. 당시 야당에서는 문재인 정부의 대척점에서 제대로 투쟁하는 사람이 안 보이던 상황이었죠. 공무원 중 한 사람이었던 검찰총장이 오히려 부각되기 시작하면서, 2021년 1월 〈세계일보〉 여론조사에 조사 대상으로 포함되기 시작했습니다. 그때부터 여론조사에서 갑자기 윤석열 검찰총장의 지지율이 뛰어올라 당시 문재인 정부의 국무위원이 야당 대선 후보로 등장하는 상황이 벌어졌습니다.

결국 반문이라는 반사 이익으로 윤석열 정부가 탄생한 것이 아닌가 합니다. '이 나라를 어떻게 이끌어 보겠다.'는 비전은 없고 '봐라, 문재인이 얼마나 악이냐. 저 격렬한 지지자들 봐라. 저 사람들이 문제다.' '조국 장관의 내로남불을 보라.'는 프레임 때문에 소위 말하는 '선악 구도'가 된 거죠. 이때 공정과 정의의 사도인 윤석열이 등장해 국민으로부터 많은 지지를 이끌어냈다고 생각합니다.

사회자 그때 윤석열 후보가 선거에 임해 쏟아낸 발언들도 정확히 그 점을 겨냥하고 있었죠.

김성회 윤석열 대통령의 선거 당시 연설 레파토리를 보면 "무능하고 부패한 정권을 교체해야 한다." 그리고 "상식과 일상을 회복하자."는 이야기를 많이 했고, 국민들로부터 어느 정도 공감대를 이끌어냈습니다.

당시 윤석열 후보는 '지금의 시대정신이 무엇이냐', 즉 국제 정세로 보나 세계 경제의 흐름으로 보나 한반도의 위기 상황으로 보나 굉장히 힘든 현 상황 속에서 '우리는 어느 쪽으로 가야 하는가.'에 대해 아무 방향도 제시하지 않았습니다. 그저 '문재인 정부에게 실망하지 않았냐.'를 강조하는 반문의 선봉주자, '문재인 정부에게 나만큼 탄압을 당하고도 똑바로 서 있는 사람이 있느냐.'만 강조했죠.

선거전이 시작됐는데, 민주당 이재명 후보와 국민의힘 윤석열 후보의 지지율이 엎치락뒤치락한 과정을 보면 재미있는 게 기존의 정치인들이 다 배제되어 있어요. 국회 근처에 와서 냄새라도 맡아본 사람들은 양당 후보에서 모두 배제된 선거, 즉 '0선'끼리 격돌한 대선이죠. 그만큼 정치 혐오가 컸다라고 봅니다. 정치도 사실 전문 분야인데 여의도에서 정치를 한 번도 해보지 않은 것이 오히려 양당 후보에게 강점이 됐습니다. 차라리 여의도 정치권 밖에 있던 초보자들이 나을 것 같다는 국민의 생각이 두 후보를 맞붙인 거죠.

윤석열 대통령은 '지금의 시대정신이 무엇이냐',
즉 국제 정세로 보나 세계 경제의 흐름으로 보나
한반도의 위기 상황으로 보나 굉장히 힘든 현 상황 속에서
'우리는 어느 쪽으로 가야 하는가.'에 대해
아무 방향도 제시하지 않았습니다.

사회자 김성회 소장님이 대통령에 대한 부정평가를 유의해서 보셨다고 하셨잖아요. 문재인 정부에 대한 부정평가가 50%를 넘어간 시기가 2021년부터였는데, 그 당시 민주당 지지층 일각에서는 긍정평가율을 유지하는 게 중요하지, 부정평가는 별로 중요하지 않다고 말하기도 했어요. 결국 민심을 잘못 읽었다는 생각도 듭니다.

최종건 그런데 '반문'의 반사이익으로 윤석열 대통령이 탄생했다는 말을 들으면, 솔직히 아니 그 정도에 이를 만큼 '문재인 정부가 뭐가 그렇게 과도했나.'라는 생각이 듭니다. 물론 저는 외교·안보 영역이니까 정권 전체를 다 말하는 건 아니지만, 문재인 정부가 등장하던 당시 분위기는 정말 전쟁이 날지도 모르겠다는 생각이 들 정도였어요. 미국 때문에 남과 북이 전쟁이 날 수도 있는 그런 시점이었습니다.

제가 2017년 7월에 청와대에 들어갔을 때, 박근혜 정부 시절 청와대 사람들이 아직 그대로 있었습니다. 사드를 배치했던 사람들, 행정관, 선임행정관, 부처 차원으로 치면 국장급들이 있어요. 우리는 일종의 보궐선거로 당선돼서 대통령을 포함해 12명이 청와대에 들어갔습니다. 대통령을 제외한 11명은 민간인 신분이었어요.

촛불혁명에 의해서 보궐선거가 실시된 거고 여러 가지 외생적 위기를 물려받은 정부였습니다. 사드 배치로 인해 한중 관계는 완전히 동결되어 있는 상황이었죠. 남북 관계는 워낙 안 좋아서 서로 간에 통신선도 물리적으로 잘려 있던 시절이었습니다. 미국은 북한과 '로켓맨'이니, '내 책상에 무슨 (핵)버튼이 있어.'라는 험한 말을 주고받던 시절이었고요. 최근 일부 보도에서 확인된 건 당시 미군의 폭격기가 NLL 북쪽으로 들어갔던 상황이었죠. 게다가 2017년 11월 29일까지는 북한이 핵무력 완성을 선언하려고 미사일 쏘고 핵실험도 했던 시기예요.

결국은 국내에도 상당한 소란함이 있었지만, 새로 들어온 정부는 외부의 위기를 잡기 위해 정신이 없었던 겁니다. 사후 평가를 하니까 하나로 합쳐서 평가받는 경향이 있지만, 김성회 소장님께서 말씀하셨듯이 분절해서 평가해보면, 기본적으로는 2019년 2월까지는 같은 시기라고 봅니다.

국내적 관점에서는 조국 사태를 보지만 제 입장에서는 하노이 북미정상회담이 '노딜'로 꽝 되는 바람에 흐름이 바뀐 거죠. 그게 2019년 2월입니다. 왜냐하면 2018년도까지는 4·27 회담, 9·19 선언, 이런 식으로 밀고 나갔거든요. 거기에서 우리가 국정운영 동력을 많이 받았던 게 사실입니다. 그때 현장에 있었으니 제가 잘 알죠. 정책실장, 안보실장, 비서실장 등이 여러 장관들과 함께 이야기를 하면, '우리는 부동산 문제로 왜 이렇게 지지율을 까먹느냐.'고 농담 반, 진담 반으로 옥신각신 했었죠.

저는 요새 '이어달리기'라는 말을 많이 사용해요. 외교 안

외교 안보나 경제 정책은 어느 정도 외부 환경이 변하지 않는 한 이어달리기가 가능합니다. 그런데 그런 가능성을 다 죽이고 지금은 증오의 정치만 이어나가고 있습니다. 지금 정부는 칼을 들고 휘두르는 재미에 취한 정권으로 보입니다. 공정과 정의를 말하지만, 오히려 그것만 없는 정부가 된 거 같아요. 공정하지도, 정의롭지도 않고 늘 남의 탓을 해요.

보나 경제 정책은 어느 정도 외부 환경이 변하지 않는 한 이어달리기가 가능하잖아요. 그런데 그런 가능성을 다 죽이고 지금은 증오의 정치만 이어나가고 있습니다.

지금 정부는 칼을 들고 휘두르는 재미에 취한 정권으로 보입니다. 소장님이 말씀하셨듯이 공정과 정의를 말하지만, 오히려 그것만 없는 정부가 된 거 같아요. 공정하지도, 정의롭지도 않고 늘 남의 탓을 해요. 기본이 안 되어 있는 거죠.

누가 대중의 욕망을 건드려주었나

사회자 이광수 위원님께 하나 여쭤보고 싶은데, 임기 말 부정평가가 치솟은 원인 중에 부동산 문제가 컸잖아요. 상담도 하고 글도 쓰고 하실 때 사람들이 부동산에 민감해지고 분개한 분위기를 피부로 느끼셨는지요?

이광수 실제로 저는 부동산이 윤석열 정부 탄생의 동력이라고 생각합니다. 바로 욕망이죠. 사람들은 욕망에 충실했고, 욕망에 따라 표를 던졌습니다. 제가 두 분이 말씀하신 것과 다르게 생각하는 부분은 누가 더 그 핵심에 집중했느냐가 승리의 요점이었다고 생각합니다.

예를 들어서 이런 거죠. 조국 사태 때문에 문제가 생겼다고 하는데, 정작 조국 장관을 위해서 문재인 정부가 한 게 없어요. 조국 장관을 지켜주기를 했습니까? 와서 밥을 한번 먹기를 했습니까? 많은 사람들이 비난에 가세하는 상황이 된 이후에는 보호도 안 해줬거든요. 저는 차라리 화끈하게 보호해주고 '왜 이런 걸로 그러느냐.'고 했어야 한다고 봐요.

부동산도 똑같습니다. 처음엔 다주택자들을 규제하려고 보유세를 강화해요. 그런데 나중에는 점차 규제를 완화해주기 시작합니다. 그래야 다주택자들 표를 얻을 수 있다고 생각하고 조금씩 풀어준 거죠. 그럼 어떻게 됩니까? 핵심층은 '이게 뭐지?' 하는 거죠.

예를 들어, 강남의 보유세를 낮춰준다고 강남사람들이 민주당에 표를 던질까요? 민주당의 이재명 후보는 확장성을 가지려고 노력했는데 그렇게 해도 표가 안 왔어요. 반면에 윤석열 대통령 후보는 코어(core) 지지층, 핵심에 집중하고 있었거든요. 욕망에 충실한 행보를 보인 거죠. 그러니까 저는 누가 핵심에 더 집중했느냐의 문제였다고 봅니다.

사회자 그러니까 선거전략으로서는 어쨌든 당시 윤석열 후보가 유권자들의 가려운 속을 잘 긁어주는 것처럼 행동했다고 보시는 건가요?

이광수 네, 저는 선거 때는 그게 맞다고 생각합니다. 이겨야 하니까요. 그런데 이제 정권을 잡았잖아요. 그러면 더 이상 그렇게 하면 안 된다고 봅니다.

지금 윤석열 정부의 문제는 선거가 이미 끝났는데, 그러니까 지금은 국정을 운영할 때인데 아직도 선거 모드에 빠져 있는 거라고 생각합니다. 윤석열 대통령은 마치 지금도 선거기간인 것처럼 계속해서 핵심 지지층에만 집중하고 있고요.

선거기간에 가장 중요한 게 뭡니까? 상대를 비난해야 해요. 그리고 잘못한 이유를 상대한테서 찾아야 됩니다. 선거판이 다 그렇잖아요. 바로 그런 선거 전략을 지금 국정운영 전반에 그대로 가져다 쓰는 겁니다. 저는 지금 국민들이 피곤한 이유가 계속 선거 기간에 살고 있기 때문이라고 생각해요.

사회자 그렇다면 지금 중구난방처럼 보이는 일련의 정책들도 크게 보면 다 그 핵심, 코어 지지층에 잘 보이기 위한 전략일 수도 있겠군요.

이광수 맞습니다. 성공 경험이 있으니까 더 그러는 거죠. 원전 문제, 공사 문제, 부동산 문제 등에서 펼치는 정책을 보면 다 가진 사람들 도와주는 거잖아요. 핵심에 집중하고 있는데, 흥미로운 건 그게 탄로 날까봐 언론 같은 데서는 다주택자 세금을 완화해주면서 서민들을 위한다고 해요. 그런 아무 말을 서슴없이 하는 건 사실 지금도 선거 기간이라고 생각하니까 가능한 거죠. 그런 엉터리 얘기들이 경제적인 효과는 없지만 표를 움직일 수는 있으니까요. 가령 부동산 보유세를 강화하면 딱히

윤석열 정부의 문제는 지금은 국정을 운영할 때인데
아직도 선거 모드에 빠져 있는 거라고 생각합니다.
선거기간에 가장 중요한 게 뭡니까? 상대를 비난해야 해요.
그리고 잘못한 이유를 상대한테서 찾아야 됩니다.
바로 그런 선거 전략을 국정운영에 그대로 가져다 쓰고 있습니다.
국민들이 피곤한 이유가
계속 선거 기간에 살고 있기 때문이라고 생각해요.

표를 얻을 데가 없잖아요. 그런데 부동산 보유세를 완화해주면 얻을 수 있는 표는 명확하게 보이는 겁니다.

사회자 문제는 지금은 표를 얻을 때가 아니라, 정부로서 당면한 문제를 해결하고 본인을 지지하지 않은 사람들의 마음까지 얻어야 하는 시기라는 것이겠지요.

최종건 이 대목에서 가장 당황스러운 게 언론의 태도입니다. 이 정부는 참 일하기 쉽구나 싶어요. 앞뒤가 안 맞는 말을 경제 영역, 외교·안보 영역에서 계속하잖아요. 그런데 대부분의 기성 언론들이 팩트 체크를 잘하지 않고, 대통령의 능력에 대해 의심을 표하지 않아요. 또한 정부 고위 공무원들에 대한 비판도 예전 같지 않고요.

이광수 지금 고용 인력, 고용자 수가 줄고 있는데 경제 나쁘다는 소리를 아무도 안 하고 있습니다.

김성회 대통령이 스스로를 대한민국 영업사원이라고 하잖아요. 지난 11개월 내내 무역 적자가 계속 됐는데, 이게 IMF 직전 1997년 이후 25년만의 일입니다. 영업사원이라면서 영업실적이 매우 나빠지고 있는 거죠. 그런데 아무도 그 얘기를 안 합니다.

사회자 '반문'이라는 캐치프레이즈는 윤석열 대통령에게 꽤나 중요하다고 생각합니다. 잠시 후에 이야기 나눌 '애니싱 벗 문'(Anything but Moon), 문 대통령 때랑 반대로만 하면 돼, 문 정부 때 하던 거만 아니면 돼, 이것도 결국 '반문'에서 기인할 테니까요. 어쨌든 사람들의 '반문' 정서에 '조국'과 '부동산'이 그 기저에 있었다는 건 분명해 보입니다. 언론이 그렇게 프레임을 짰건 어쨌긴요.

이광수 네, 맞습니다. 문재인 정부가 그 욕망의 문제를 제대로 다루지 못한 건 사실이라고 생각합니다. 집값이 막 오를 때, 김현미 국토부 장관과 얘기를 나눈 적이 있습니다. 그 분이 지향한 부동산 정책의 방향성이야 굉장히 선하죠. 그런데 중요한 게 뭐냐 하면 김현미 장관은 한 번도 돈을 목적으로 부동산을 사본 적이 없더라고요. 그러니까 시장의 변화를 모르죠. 가격을 올리고 내리는 건 결국 사람들의 욕망인데, 그러면 정책은 그 욕망을 어떻게 제어하고 바른 방향으로 이끌 것인지 답을 찾는 겁니다. 한 번도 그런 투자를 해본 적이 없고, 주식 투자를 하지 않는 걸 자랑스럽게 생각하는 사람들이 그 답을 찾을 수 있을지 의문이 들었습니다.

김성회 덧붙여 말하면, 반문 정서가 만들어졌던 주요한 이유 중에 하나가 '손가락질'이라고 생각합니다. 다주택을 가진 사람들에게 경제정책상 세금을 매겨서 '우리가 주택공급을 유도한다.'고 얘기만 해도 되는데, '너 왜 한 채 이상 있어? 나쁜 사람이네. 나는 한 채만 있어.'나 '나는 주식 투자 해본 적이 없어. 너 왜 주식 많이 갖고 있어? 넌 나쁜 사람이야.'라고 손가락질 했다는 게 중요한 거죠.

정책을 펼치는 데 있어서 상대방을 적으로 돌리는 포인트들이 다소 있었다고 봅니다. 조국 사태 때 정서적으로 불거진 문제 중에 하나가 '그런데 니들도 하고 있네?'였거든요. 손가락질 당하는 게 불쾌했던 국민들이 그렇게 느끼기 시작한 거죠.

이광수 거기에 '너희들도 강남아파트 안 파네?' 이런 반감이 불을 질렀던 것 같습니다.

김성회 '(우리더러) 나쁜 사람이라고 했잖아. 그런데 (우리랑 니네가) 뭐가 달라?'가 된 거죠. 모두가 욕망에 충실했던 것뿐인데요. 상대방을 손가락질하는 행위를 그동안 많이 보였기 때문에, 정서적인 반감을 불러온 측면이 분명히 있다고 봐요.

그러니까 이런 과정을 거치면서 윤석열 후보는 자신이 발광체가 아니라 반사체로 당선이 됐단 말이에요. 문재인 정부가 논란을 빚으면 빚을수록 그 후광을 받아 당선되었는데, 이제는 문재인 정부가 사라졌잖아요. 정권이 바뀌어서 이제 발광체가 없어진 거죠. 이제 알아서 해야 되는 상황이 왔는데 상황이 잘 안 풀리는 겁니다. 그러니 뭐든 문재인 정부 탓이라고 얘기를 하는 상황이 오는 거죠. 그게 '애니싱 벗 문'입니다. 뭐든지 문재인과 반대로 한다는 기조를 만든 겁니다.

'못 다한 수사'에 집착하는 대통령

사회자 그런데 아무리 '애니싱 벗 문'이어도 무조건 반대편의 거울상을 추구할 수만은 없는 것 아닐까요. 그러니까 윤석열 검찰총장이 대통령이 돼서 하고 싶은 것들이 있었지 않았을까 싶은데요.

김성회 초반에 윤석열 정부가 구성되는 모습을 보면 눈에 띄는 게 있습니다. 윤석열 대통령이 검찰 시절 하고 싶었으나 못했던 아이템을 수시하거나, 혹은 수사를 방해했던 구조를 바꾸는 데 굉장히 집중을 해요. 검찰 때 자신을 제일 귀찮게 한 게 민정수석입니다. 그래서 취임하자마자 '민정수석은 폐지! 그거 없애버려!'가 된 거죠.

사회자 검찰총장 입장에서 민정수석이 불편한 존재였으니 없어졌으면 싶었을 수는 있는데, 지금은 대통령이잖아요. 그러면 오히려 필요한 거 아닙니까?

최종건 확실히 검찰총장 입장에서는 민정수석이 거북한 존재입니다. 하지만 그걸 넘어서 대통령 관점에서 왜 민정수석실을 없앴는지도 조금 알 거 같아요. 민정수석은 대통령이 자기 수족처럼 부려야 효과가 있습니다. 민정수석실에는 여러 비서관들이 있고, 그중 몇몇 비서관들은 검찰에서 파견을 합니다.

그런데 경험해보니 검찰에서 파견된 민정수석실 비서관들이 일종의 프락치 역할을 하더라고요. '청와대는 이렇게 돌아가고 있습니다.'라고 검찰총장한테 보고를 한다고 들었습니다. 윤석열 대통령도 검찰총장 시절 보고를 받았으니 아는 거죠. 그래서 민정수석실의 특정 비서관들은 '우리' 사람이 아니라고 생각했어요. 역설적으로 민정수석실이 있으면 대통령실이 검찰총장에게 감시받는 효과가 있는 겁니다.

김성회 아하, 그런 거군요. 제 생각엔 민정수석 폐지를 포함해 '전 정권 털기' 수사를 잘 하는 게 윤 대통령의 집권 목표 중 하나였던 걸로 보입니다. 본인이 해봤으니 법무부장관을 통해 검찰청을 통제하려고 했는데, 그게 방해받는 상황이 싫었던 거겠죠. 한동훈 장관을 법무부장관에 앉힌 후, 검찰총장이 없을 때 무려 750명이 넘는 검사 인사를 내버립니다. 전체 검사 숫자가 2300여 명인데 그중 3분의 1을 검찰총장이 아직 없는 한동훈 장관 직할 체제에서 인사를 단행한 거죠.

윤석열과 한동훈이 상의해서 특수부 위주로 바꿔버리고, '이 정도면 너네 마음대로 수사할 수 있지.' '모든 조건을 열어줬잖아. 한 번 해봐.' 한 겁니다. 지금의 수사 조건을 만드는 것이 윤석열 대통령의 1차 목표였고, 2차로 목표물을 향해 다방면에서 수사를 벌이는 과정이라는 점을 지적하고 싶습니다. 이제 수사에만 집중하는 거예요.

본인이 내걸었던 '공정과 상식', 그리고 '수사'가 처음에는 연결이 되는 것 같았어요. 하지만 잘 되고 있지 않습니다. 예를 들면, 김건희 여사 문제, 본인 주변 일들, 검찰 주변 일들, 이재명 대표를 잡아넣겠다고 수사하는 대장동 일, 김만배의 50억 클럽을 통해 돈 받은 검사들 이야기도 있잖아요. 박영수 변호사가 검찰 중수부장 출신이라는 이유로 수사가 안 된다는 얘기도 마찬가지죠.

왜 선택적 수사를 하는가에 대해 전 이렇게 생각합니다. 정치권력은 우리 시스템 어딘가에 문제가 있다면, 검찰을 이용해 적폐나 비리를 파헤쳐서 특정 부분을 법적으로 단죄하고 시스템을 개혁해야 합니다. 그런 정치라는 큰 틀 속에서 검찰의 역할이 있어야 해요. 그러려면 정치권력이 개혁을 하려는 목적이 있어야 하잖아요. 그런데 윤석열 대통령은 지금 본인이 궁금한 수사를 하고 있는 거예요. (일동 웃음) 검찰에 있을 때 하려고 했는데 막힌 거, 남들이 못하게 했던 거를 이제 하고 있는 거죠.

사회자 그럼 이 정부에서 진행중인 기획수사는 결국 윤석열 대통령이 다 지휘하고 있다고 보아야 할까요?

김성회 지휘할 필요가 없죠. 그런 수사를 할 거라고 옛날부터 공언해왔을 거고요. 한동훈 장관이 대통령이 원하는 인사들을 거기 배치했어요. 따로 명령을 하지 않아도 알아서 하는 거죠. 국가가 시스템으로 이 나라를 어떻게 개혁할지를 판단하고 필요한 부분을 수술하는 게 아니라, 그냥 자기들 관심 있는 부분에 매스를 갖다 쓰는 거예요. 그러니 당연히 자기 부인이나 장모, 검사들의 문제는 사라지는 겁니다.

최종건 정권 말기에는 오히려 검찰이 다시 정권을 칠 수도 있다고 봅니다. 검찰은 오로지 검찰 편이니까요. 어쩌면 조직을 지키기 위해서 다른 선택을 할 수도 있다고 봅니다. 사람들이 검찰의 속성을 아는 윤석열 대통령이 그런 걸 걱정하지 않겠느냐고 하는데, 아마 안 그럴 겁니다.

윤대통령의 재임기간이 굉장히 오래된 것 같이 느껴지는데, 이제 겨우 1년이 됐어요. (일동 웃음) 그러니까 제 얘기는 본인도 그렇고 지금 정부에 있는 사람들은 그런 생각을 못한다는

윤석열 대통령은 지금 본인이 궁금한 수사를 하고 있는 거예요.
검찰에 있을 때 하려고 했는데 막힌 거,
남들이 못하게 했던 거를 이제 하고 있는 거죠.

겁니다. 임기가 5년이라고 생각하면 어떻게 벌써 그런 생각을 합니까. 지금 한참 권력을 잡고, 앞으로 나갈 때인데 말입니다.

사회자 김성회 소장님 얘기를 듣고 생각한 건데, 윤석열 대통령이 두 정권에 걸쳐서 적폐청산 수사를 벌이고 있다고 해도 양상의 차이가 있는 것 같습니다. 전임 정권에서는 그래도 정권의 개혁 노선에 맞춰서 하려고 했던 것이고요. 현재 정권에서는 하고 싶은 수사만 집중하고 나머지는 열심히 하고 있지 않다고 진단한 거니까요.

김성회 확실히 그런 부분이 있는 것 같아요. 이번 정부는 여러 명에 대해 수사하는 게 아닙니다. 문재인과 이재명 두 사람을 사법적으로 처벌하면 본인들이 가진 정치적 권력이 자연히 유지될 거라는 그런 망상 섞인 희망으로 벌이는 수사 같거든요. 두 사람 관련 수사에 동원한 숫자가 특수부 검사 포함해서 150여 명이면 어마어마하게 많은 숫자입니다. 전체 검사의 7% 정도를 단 2명을 잡기 위해서 동원을 한 거죠.

사회자 물론 최종적으로는 문재인 전 대통령과 이재명 대표 2명을 목표로 하지만 실제로 수사 대상이 되는 건 더 많은 사람들이잖아요. 이전 정부의 통치행위랄 수 있는 부분들이 사법적 심판의 대상이 되어서 고생하는 분들이 많은데요.

최종건 네, 맞습니다. 이런저런 사법적 고초를 겪으시는 분들 중에 개인적으로 같이 일했던 분들도 포함되어 있죠. 서훈 실장, 정의용 장관 등이요. 국가 안보를 5년 동안 다루었던 사람들을 사법적 재단의 영역에 포함하면, 현 정부에서 일하는 사람들뿐만 아니라 다음 정부에서 일하는 사람들도 외교와 안보 환경을 개선하기 위해서 어떠한 노력도 하지 않을 겁니다.

저 역시 김성회 소장님이 말씀하신, 윤석열 대통령이 본인이 궁금한 사안을 중심으로 수사한다고 하신 말씀에 100% 동의합니다. 한편으로는 그 궁금함으로 인해 의도치 않은 결과가 나타날까봐 매우 걱정이 됩니다.

관료 체계 중 어떤 부분은 정치로부터 절연시켜야 하는 영역이 있습니다. 정보 영역, 군 영역, 이런 것들이요. 그런데 이 영역에서 20년, 30년 이상 일했던 사람들을 사법 영역에서 조사하고 숙청 대상으로 삼고 있어요. 이것은 정말 큰 문제죠. 경제나 사업 문제가 아니라, 대한민국이라는 국가가 외부로 보내는 시그널이 완전 엉망이 되어버리는 겁니다.

사회자 전 정권에서 일했던 사람들, 특히 외교나 안보를 맡았던 이들이 사법 처벌의 대상이 되고 있다는 최 교수님 말씀을 듣고 생각난 게 하나 있습니다. 건너들은 얘기이긴 하지만, 최근에 공무원 사회에서 문재인 정부 때 일했던 사람들을 총리실에서 한 번, 감사원에서 한 번, 국민권익위원회에서 또 한 번 감찰하고, 안 되면 검찰까지 넘어간다고 하더군요.

최종건 추정하기로 1천 명에서 1천 5백 명의 공무원이 대상입니다. 여기서 공무원은 고위 공무원은 물론 과장급 공무원까지 포함됩니다.

사회자 '어공'(별정직 공무원)에 대해서만 그런 게 아니라 '늘공'(정규직 공무원)까지도 그렇게 괴롭힌다고 들었습니다. 괴롭힘 당하는 사람들은 힘든데, 한편으로는 아무 지시도 안 내리니, 하는 일이 없어 너무 편하다는 얘기도 같이 들려오더군요.

김성회 실제로 공무원들을 만나서 얘기를 들어보면, 윤석열 정부가 들어선 후에 새로 만들어진 국정운영 과제가 없어서 이전에 하던 사업을 계속하면 되니 일단 편하다고 합니다. 그리고 또 하는 얘기가 뭐냐면, 지시를 받으면 이제 문서에 쓴대요. '과장님 지시사항'이라고 하면서, 구체적인 문구를 서류에다 일부러 수기로 기입한다고 합니다. 과장님들이 '뭐하는 거냐?'고 물으면, '지금 지시사항 적고 있는 겁니다.'라고 답한다는 거예요. 자신이 하려고 한 일이 아니라 과장이 지시해서 한 일이라고 표시를 한다는 거죠. 또 지시받은 일도 문서에다 그렇게 적은 후에 적극적으로는 안한다는 겁니다. 그 지시를 본인이 이행했을 경우에 직권남용에 걸릴 것 같아서 못하겠다는 거죠. 요즘은 국장이나 과장들이 직접 보도자료 쓰면서 일을 하고 있다고 합

관료 체계 중 어떤 부분은 정치로부터
절연시켜야 하는 영역이 있습니다.
정보 영역, 군 영역, 이런 것들이요.
그런데 이 영역에서 20년, 30년 이상 일했던 사람들을
사법 영역에서 조사하고 숙청 대상으로 삼고 있어요.
이것은 정말 큰 문제죠. 경제나 사업 문제가 아니라,
대한민국이라는 국가가 외부로 보내는 시그널이
완전 엉망이 되어버리는 겁니다.

니다. '나는 처벌받고 싶지 않다.'는 심리가 공직 사회에 만연해 있다는 거죠.

최종건 이런 현상도 있습니다. 문재인 정부 초기에 제가 외교부와 국방부 담당이어서 알고 있는데요. 원래 과장급들이 가장 일을 많이 하는 사람들인데, 한 20년 정도는 일해야 과장이 됩니다. 그런데 그냥 '나 공무원 그만 할래.'라고 하면서 좋은 회사로 이직하는 경우가 많았어요. 당시에는 문재인 정부 때문에 나갔다고 〈조선일보〉나 〈중앙일보〉에서 단정적으로 기사를 썼거든요. 그런데 제가 알기로는 그때보다 요즘 더 많은 과장급들이 공무원을 그만두고 있다고 들었습니다. 좋은 대학 나오고 고시 패스해서 왔는데, 일을 하고 싶지만 제대로 할 수도 없고, 게다가 선배들이 수사 받는 거 보니까 불안한 거죠.

이광수 주식시장이나 경제 차원에서는 정부가 일을 안 하는 것도 괜찮아요. (일동 웃음) 저는 윤석열 정부, 윤석열 대통령은 자기 기준에서 합리적인 선택을 하고 있다고 봅니다. 앞서 말했듯 지금도 여전히 선거 기간이라 생각하는 거죠. 선거 기간 중에는 무조건 적을 죽여야 합니다. 그러니 우리 쪽을 수사하면 안 되는 겁니다. 그리고 내가 가장 믿을 사람한테 일을 시켜야 하잖아요. 대통령 입장에서 가장 믿을 사람이 누구겠어요. 검찰이죠. 그래서 다 검찰 측 인사를 기용하는 겁니다. 이게 선거라고 생각해서 나름의 합리적인 행동을 하는 것 같은데, 이런 상황이 반복되면 국민들은 고달파집니다.

법치주의?
법으로 다스리면 되겠다, 법률 만능주의!

사회자 우리 쪽은 수사하면 안 되지만 적이라면 수사해도 상관없다, 아니 수사해야 내가 이길 수 있다. 말하자면 국정운영이 아니라 아직도 선거기간이고 선거 전략으로 사는 대통령과 정부라면 수사에 대한 입장이 그렇게 분명할 것 같습니다. 그런데 이걸 지금 공정, 사법정의 실현, 법치 이런 말로 포장하고 있단 말이죠.

최종건 현 정권에서 법은 완전히 사유화되어 있습니다. 법은 최소화해야 하는 거고, 애초에 법은 권력자를 견제하기 위해 만든 장치인데, 지금은 거꾸로 잠재적 경쟁자 내지는 위협 세력들을 처단하기 위한 칼로 쓰고 있어요. 법의 지배라는 건 원래 권력자의 권력 남용을 막기 위해 만들어진 것인 만큼 매우 안 좋은 상황입니다. 이건 전직 차관이 아니라 정치학자 입장에서 드리는 말씀입니다.

저는 지금 우리가 법정국가로 가고 있다고 생각합니다. 우

주식시장이나 경제 차원에서는 정부가 일을 안 하는 것도 괜찮아요.
저는 윤석열 정부, 윤석열 대통령은
자기 기준에서 합리적인 선택을 하고 있다고 봅니다.
앞서 말했듯 지금도 여전히 선거 기간이라 생각하는 거죠.
선거 기간 중에는 무조건 적을 죽여야 합니다.
그러니 우리 쪽을 수사하면 안 되는 겁니다.

리나라는 1960년대부터 80년대까지 병영국가였습니다. 군대적 시스템이 사회 전체를 규제하고, 모든 게 안보적 관점으로 수렴되고, 그 틀에서 위정자가 제멋대로 통치를 했어요. 그 병영국가가 민주화되면서 이제 법치 국가로 가려고 했습니다. 민주화의 귀결은 법치니까, 그것이 통치의 기본 이념이자 수단이어야 하고, 또한 그 적용은 최소한이어야 하고요. 그런데 지금은 법정국가가 된 셈입니다. 그래서 뭐든지 다 법정에서 최종 판결을 받아야 하는, 그래야 해결이 되는 것처럼 바뀌어버린 아주 안 좋은 상황입니다.

그런데 1년 전으로 시계를 돌려보면 윤석열 식 법치가 이럴 거라는 걸 정말 아무도 예상하지 못했을까요? 윤석열 후보가 당선될 경우 이렇게 할 거다, 검찰공화국이 올 거다, 이렇게 예상을 한 사람들이 제법 많았는데, 그 예상과 지금 실제는 얼마나 거리가 있는 걸까요?

김성회 저는 말부터 따져보고 싶습니다. 윤석열 정부나 지지자들, 또 언론에서 법치 법치 하는데요, 법치주의라는 말이 우리나라에서 고생을 하고 있는 측면이 있습니다. '법치'란 말을 보면 '법 법(法) 자' 옆에 '다스릴 치(治)' 자가 붙어 있잖아요. 우리 대통령께선 이 글자를 보면서 '이거 다스리는 거구나. 법으로 다스리면 되겠다.' 이렇게 생각하는 것 같거든요. 그러니까 검사 입장에서 보는 법치주의는 법으로 권력을 휘두르며 다스리는 거예요.

법치주의는 영어로 '컨스티튜셔널리즘'(constitutionalism)입니다. 영국에서 법치주의를 확립할 때 왕에게 "전하, 설령 왕이라도 법을 지키셔야 합니다. 법을 어기면 왕이라도 처벌을 받게 됩니다."라고 말을 해줬던 거죠. 그런데 윤석열 대통령은 법치를 법가 사상으로 이해합니다. 법을 엄격하게 적용해 나라의 기강을 잡으면 나라가 잘 돌아간다는 수준으로 법치주의를 이해하고 있는 거죠. 그러니까 '컨스티튜셔널리즘'이 아니라 오히려 '리걸리즘'(legalism)에 가까운 법률 만능주의가 되는 거예요.

이렇게 법으로 과도하게 지배하는 행위가 벌어지고 있는 게 첫 번째 문제고요. 두 번째는 법치주의를 한다고 하면서 실제로는 검사들이 지배를 하는데 어떻게 하냐면, '그거 너희가 잘못 판단한 건데 갖고 와봐.' 이런 식이에요. 이번에 문재인 정부 때 있었던 서해피격 사건과 선상 살인범 북송사건을 재수사하는 양상이 다 비슷합니다. 그때 했던 정무적 판단에 대해서 '자료 가져와봐. 검사들이 법으로 다시 볼게.'라고 하는 거예요. '아니 그때 왜 이틀 동안 정보를 묶어놨어. 정보를 하루만 묶어놓았으면 되는 거 아닌가. 너 기소!' 자료의 유통등급을 조정하면 '자료 삭제했네, 너, 기소!' 이런 식인 거죠.

그러니까 지금 정부에서는 전부 다 검사(檢事)에게 검사(檢査)를 받아야 하는 상황이 되었습니다. '내가 검토해봤는데 이렇게 했으니 넌 기소야!' 이러면서 본인들이 원하는 건에 대해

법치주의라는 말이 우리나라에서
고생을 하고 있는 측면이 있습니다.
'법치'란 말을 보면 '법 법(法) 자' 옆에 '다스릴 치(治)' 자가
붙어 있잖아요. 우리 대통령께선 이 글자를 보면서
'이거 다스리는 거구나. 법으로 다스리면 되겠다.'
이렇게 생각하는 것 같거든요.

서 기소를 진행하고 있어요. 지금은 이걸 신나서 할지 모르겠지만 다음 정부 들어서면 어떨까요? '야 그때 왜 통일부가 판단을 바꿨어?'라고 하면서 윤석열 정부 초기에 했던 그 일들에 대해 다시 검토해보자고 할 거예요. 그렇게 되면 검사들이 지금 이 상황도 재조사하게 되겠죠. 저는 이런 게 비극이라고 생각해요.

최종건 외교·안보 문제도 검사가 최종 결정하는 모양새가 되었다고 많은 사람들이 말하더군요. 이젠 외교·안보 문제도 검사한테 물어보고 결제까지 받아야 하는 건가 싶어요.

김성회 지금 윤석열 대통령의 태도는 통치 행위로서 벌어지는 모든 일들을 다 검사가 들여다보고 기소할 수 있으면 기소하겠다는 입장이에요. 큰 문제죠. 그러다보니 의도하지 않은 부수효과도 있나 봅니다. 최근 기업에서 소위 대관(對官) 업무를 하는 분을 만나 이야기를 들어보니, 정치권 인사도 영입하지만 그보다 검사나 검찰 수사관을 엄청나게 많이 영입하고 있다고 하더군요. 검찰 수사에 대비해 보험을 들어놓자는 건데 검찰 공무원들에겐 뜻밖의 전관 취업시장이 크게 열린 셈이죠.

사회자 그러고 보면 본인들 일자리 창출은 확실히 하고 있는 거네요. 그런데 조금 얘기를 돌리면 지금은 정치의 사법화로 야당만 탄압하는 게 아니라 여당 인사들도 탄압하는 도구가 된 것 같은데요. 이준석을 주저앉힌 것도 그렇고, 나경원 씨가 머뭇거린 것도 뒷말이 많았습니다.

김성회 그 문제는 이 숫자를 보면 간단합니다. 지난 2020년 총선이 국민의힘으로서는 정말 이길 곳만 이긴 선거입니다. 당시 국민의힘 당선 지역구가 84곳이었습니다. 그곳은 절대 질 수 없는 지역구라서 공천을 받았을 때 당선이 보장되는 가장 안전한 곳이죠. 뒤집어 말해서 지금 대통령과 윤핵관들이 원하는 사람들에게 안전한 자리로 공천을 주려면, 지금 현역의원이 있는 곳에 공천을 줘야 한다는 뜻입니다. 그러려면 현역의원들이 자리를 비워줘야만 하거든요. 그것을 위한 수단으로 검찰 수사가 동원되고 있다, 저는 그렇게 생각해요.

그리고 그 방법으로 금융·증권범죄에 대한 수사를 강화하겠다고 하는 점에 주목해야 한다고 봅니다. 금융사기, 증권사기를 치는 사람들은 여야를 가리지 않고 전방위로 로비를 하니까 금융·증권범죄 수사를 강화해서 사기꾼들을 잡아넣으면, 야당인사만 걸리는 게 아니라 여당인사도 걸리게 됩니다. 그래서 거침이 없는 거예요. 어느 쪽이든 잡아넣어서 자리가 비면 대통령과 대통령실, 또 윤핵관이 원하는 사람들에게 공천을 줄 수 있기 때문이죠. 그래서 저는 금융·증권범죄를 중심으로 한 전방위적인 수사가 있을 것이라 봅니다. 국민들에게는 여야를 가리지 않는 공정한 수사로 포장을 하겠죠.

사회자 그렇게 기획된 수사가 정권 내내 계속 만들어지면 어떻게 될까요? 칼맛을 한번 들이면 절대 못 잊는다는 그런 말이 있잖아요.

김성회 당장 자유롭지 못한 사회가 되겠죠. 가령 문재인 대통령이 추미애 대표를 밀려고 송영길 후보를 출마하지 못하게 하는 상황이 벌어졌다면 그때 언론이 어떻게 했을까를 생각해봐야 합니다. 대통령의 이런 태연한 당무 개입에 대해서 지식인들의 지적도 너무 없는 거 같고, 너무 둔감해진 게 아닌가, 이런 부분이 우려스럽습니다.

사회자 이번에도 무슨 북한 접촉 간첩 수사를 한다면서 아예 대대적으로 민주노총 압수수색을 벌였습니다. 간첩 수사란 조사를 다 마치고 발표를 하는 게 정상인데요.

김성회 그거 아세요? 민주노총 압수수색에서 놀라운 점은 아무도 체포된 사람이 없다는 겁니다. 경남에서부터 압수수색을 지금 한 달 넘게 했는데 체포 영장이 거의 발부되지 않았어요. 지금부터 수사해서 잡기 시작하겠다는 거죠. 세상에 어떤 간첩을 '우리가 이제부터 소탕 들어갑니다!'라고 외치고 나서 수사합니까?*

최종건 조용하게 매우 은밀하게 수사를 진행해서 마지막에 결과만 밝혀내야 정상이죠.

김성회 이렇게 체포영장이 발부되지 않은 간첩단 사건은 지금까지 없었어요. 언론사 사회팀 얘기에 따르면, 검찰에서 이번 사건은 간첩 사건이 아니라 '국가보안법 중 회합·통신 위반이다.'라는 말을 하고 있다고 합니다. 체포 영장이 발부가 안 됐다고 할 때는 놀라웠습니다.

* 대담을 하던 당시에는 체포된 사람은 없었지만 이후 체포된 사람이 나왔다. 하지만 아직 반국가단체나 이적단체 결성죄로 기소되지는 않았다. 여전히 '간첩단 사건'으로서는 무리하다는 판단이 있는 것일지도 모르겠다.

사회자 그러니까 회합 통신죄라는 게 북한 사람을 만났다 뭐 이런 거죠?

김성회 현지에 있는 북한 식당을 찾아가서 북한 사람을 만난 사람들도 있고, 혹은 자신들끼리 뭔가 모의를 했을 수도 있을 겁니다. 물론 그건 국정원이 밝혀내야 할 일이죠. 간첩 조직을 적발한다는 사람들이 용의자를 체포하지 않고 있는 이 상황을 어떻게 이해해야 할까요?

내로남불과 형사법치주의의 세상

사회자 역시 공안몰이를 하고 있다는 비판이 맞는 것 같습니다. 실체가 불분명한 것에 혐의를 씌워서 공격하는 거죠. 사회 전체적으로 어떤 분위기를 조성하려는 것일 수도 있고요. 어쨌든 2023년에 이런 허술한 간첩 사건이라니 좀 어이가 없는 일입니다.

그나저나 '윤석열차' 그림 사건 다들 알고 계시죠? 저는 이때 대통령 지지층의 반응이 놀라웠어요. 예전에는 문파들이 표현의 자유를 탄압했다고 난리치던 사람들이거든요. 그런데 갑자기 이건 표절이라고 말을 하더라고요. 이건 표절이 아니라 '밈'이라고 할 만한 건데…. 여론이 안 좋아지니 이번에는 논점을 바꿔서 여하간 창의성이 부족하니 상줄 만한 것은 아니라고 하고…. 여하간 대통령 지지자들이 문파들을 그렇게 비판해왔으면서도 본인들이 표현의 자유 이슈에 처하면 또 말을 바꾸는

구나 하는 점을 느꼈습니다.

김성회 전형적인 '내로남불'이지요. 요새는 양당 지지층이 서로를 '내로남불'이라고 하니 굉장히 피로합니다. 최근에는 정부와 여당을 옹호하는 논리 중 하나로 '우리는 정의롭다고 말한 적은 없으니까 괜찮아.' 이런 것도 있는 것 같습니다. 너희들은 맨날 정의로운 척했으니까 사람들이 더 싫어한 거지만, 사실 우리는 정의롭다고 말한 적은 없잖아, 뭐 이런 심리랄까요. 정의롭지 않다는 게 자랑이라는 건지, 굉장히 헷갈리는 논법이지요.

저는 이태원 참사의 처리 과정을 보며 절망한 적이 있습니다. 윤석열 대통령이 민주당과 국민의힘이 서로 파놓은 참호 안에 들어와서는 본인이 대장 노릇을 하며 총을 쏘고 있더라고요. 가장 충격적이었던 점이 두 가지인데요. 우선 이태원 참사에서 이상민 장관을 처벌 안 하는 이유는 간단합니다. 같은 편에서 총을 쏘고 있는 사람인데, 우리 자원을 어떻게 내보내느냐는 생각을 하는 거죠. 윤석열 대통령이 권성동 원내대표에게 보낸 문자에서 이준석 대표를 지칭할 때 '내부총질이나 하던 당대표'라고 했잖아요. 내부 총질이라는 게 뭡니까. 참호에서 나는 상대방을 향해 열심히 총을 쏘고 있는데, 나를 등 뒤에서 쏘는 놈

최근에는 정부와 여당을 옹호하는 논리 중 하나로
'우리는 정의롭다고 말한 적은 없으니까 괜찮아.'
이런 것도 있는 것 같습니다.
너희들은 맨날 정의로운 척했으니까 사람들이 더 싫어한 거지만,
사실 우리는 정의롭다고 말한 적은 없잖아, 뭐 이런 심리랄까요.

이 내부 총질이거든요. (일동 웃음) 문자 그대로, 본인이 전쟁 상태라는 전제가 깔려 있는 겁니다.

이태원 참사 희생자 유족들이 이상민 장관보고 책임지라고 하고, 윤석열 대통령에게 사과하라고 하니, 권성동 의원은 그 사람들을 민주당 참호 안에 떠밀어버립니다. 이들을 반정부 세력이라고 떠밀어버리니까, 창원시 시의원이 입에 담지도 못할 욕을 하면서 같이 공격을 했잖아요. 이태원 참사 희생자들 유족조차도 민주당 참호 안에만 밀어 넣으면 싸우는 명분이 생기는 것 같습니다. '저들은 다 공격해도 돼.' '우리 대통령 공격하는 사람이니까'라는 사고가 반복되는 상태인 거죠.

사회자 이상민 장관 같은 경우는 대통령이 직접 데리고 이태원 참사 희생자 참배까지 했으니 아주 시그널을 확실히 준 거죠. 저 사람이랑은 같이 갈 것이라고요.

김성회 사람들은 한동훈 장관이 윤석열 대통령의 최측근이라고 생각하는 것 같은데 제 생각은 좀 다릅니다. 제가 보기에는 한동훈 장관은 윤석열 대통령에게 있어 검찰에서 일 잘하는 후배일 거예요. 그냥 일솜씨가 좋은 후배라고 여긴다고 봅니다.

그에 비해 이상민 장관의 경우는 단순히 충암고, 서울법대 후배라서 쓰는 게 아니에요. 이상민 장관은 오랜 기간 준비를 해서 사단법인 경제사회연구원이란 걸 만들었어요. 중수부장 출신의 안대희 대법관(후원회장)과 이상민 변호사(이사장) 두 사람이 사재를 털어 만들었습니다. 이 단체 출신들이 인수위 시절부터 대통령 인수위에 대거 들어가서 이 정부의 정책을 수립하는 데 역할을 했습니다.

따라서 이상민 장관은 정치적 동지 관계죠. 이 정부의 그림을 함께 그리는 사람이고요. 행정안전부 장관이란 게 이 사람의 전문성 여부를 떠나 기본적으로는 정권의 틀 자체를 짜는 사람이기 때문에 윤석열 대통령으로서 꼭 함께 가야 할 한 명을 꼽으라면 그게 이상민 장관인 거죠. 꼭 같이 가야 될 파트너인 만큼 이상민 장관을 이 구조 안에서 쳐내는 것이 안 된다고 봅니다.

그런 이유가 하나 있고, 다른 하나는 윤대통령의 독특한 법세계관에서 기인합니다. '이게 불법이야? 기소가 될 만해? 안 돼?'라고 묻는 습관인 거죠. 현행법으로는 이상민 장관이 기소될 가능성이 높지 않거든요. '야, 기소가 안 되는데 뭘 잘못했다는 거야. 아니 그냥 사고가 난 거잖아. 이성민 장관이 법적 책임이 있어? 없잖아.'라고 생각할 겁니다. 이상민 장관 문제에 대한 민심이란 건 윤석열 대통령 본인 입장에선 이해할 수 없는 것이 되고요.

그래서 국가안전시스템 점검회의에 대통령이 나와서 이렇게 말을 해요. "엄연히 책임이라고 하는 것은 책임자에게 명확히 물어야 하는 것이지, 그냥 막연하게 다 책임져라, 그것은 현대사회에서 있을 수 없는 이야기예요. 그러니까 정확하게 가려주시기를 당부하겠습니다." 이 말은 법적으로 책임 있는 사람들을 처벌하기만 하는 것이고 거기에는 정치가 끼어들면 안 된다는 세계관인 거죠. 다른 말로 하면 정치적 책임을 지고 장관을 해임하는 문재인 정부 방식이 적폐였고, 내가 하는 방식이 맞다는 본인의 소신이 있는 거예요.

최종건 김 소장님 말씀에 100% 동의합니다. 저 사람들에게 힘이란 어떤 의미일까, 권력이나 법은 어떤 의미일까요? 결국은 5년 하고 나와야 하는 것인데, 하다 보면 뭐가 안 될 수도 있고 사고가 날 수도 있어요. 어쨌든 법 이외의 것들로 책임을 져야 되는 상황이 오는 것이 정치인데, 그런 책임을 지지 않겠다? 그러면 정치를 하는 것도 아니고, 그렇다고 거버넌스를 하는 것도 아니고, 그러면 이게 뭐지? 오늘 오가는 말씀 들으면서 점점 더 쇼킹해지는데요. 도대체 정권을 잡아서 뭘 하겠다는 것인지….

사회자 왕이 되고 싶었던 것 아닐까요? 손바닥에 왕(王)자도 쓰고 나왔었고…. (일동 웃음)

최종건 에이, 왕도 그렇게 못 하죠. 왕은 항상 천심과 민심 사이에서 중용을 지키는데…. 왕도 내가 가지고 있는 권력은 무엇인가 하는 성찰을 통해 다스렸어요.

사회자 하긴 드라마나 영화에서 보면 우리나라 왕들은 고단했다 싶기도 합니다. 뭐만 하려 하면 신하들이 "전하, 통촉하여 주시옵소서." 하며 만류하기 바빴으니까요. 현대와 같은 시대에 입헌군주제의 왕들은 더 허수아비일 테고요.

최종건 요즘 우리 국민들은 대통령이 국내에서 활동하는 이런 저런 보도된 그림보다 외국 나가서 보여주는 그림에 훨씬 더 많이 신경을 쓰기 시작했어요. 불안해서 그런 거 같아요. 문재인 정부의 외교 정책에 불만은 있을 수 있어도 불안하지는 않았던 것 같거든요.

그런데 이 정부는 사고를 칠까 불안한 거예요. 저쪽에서도 국민들의 심리를 아니까 자꾸 그림을 보여줘요. 대통령이 아무 말 대잔치 하는 것도 자꾸 보여주면서 무마하려고 하죠. 정말로 권력과 권한에 대한 철학적 사유가 없어요. 요즘 와서 드는 생각인데, 욕을 먹는 것도 일종의 책임지는 방식이거든요. 그러면서 바꾸고 포용하고 수용하는 게 중요한데, 이 정부는 너무 아닌 거 같아요.

사회자 김성회 소장님이 '법적 책임이 아니면 책임으로 보지 않는다.'는 게 윤 대통령의 독특한 세계관이라 말씀하셨습니다만, 그것과 짝패를 이루는 것으로 우리 편 검사가 기소를 하면 기소하는 순간 유죄가 된다는 세계관도 있지 않습니까?

김성회 근데 거기에서 중요한 건 뭐냐 하면요. 검사는 검사를 기소하지 않잖아요. (일동 웃음) 그러니까 검사는 죄가 없는 거예요. 오류도 없는 거고, 기소가 되는 사람만 문제가 있는 거죠. 우리 편이라 해서 기소를 안 한 게 중요한 게 아니라, 기소가 안 됐으니까 문제가 없다는 세계관 안에서 이 검사들이 움직인

국민들의 심리를 아니까 자꾸 그림을 보여줘요.
대통령이 아무 말 대잔치 하는 것도 자꾸 보여주면서
무마하려고 하죠. 정말로 권력과 권한에 대한 철학적 사유가 없어요.
요즘 와서 들게 된 생각인데,
욕을 먹는 것도 일종의 책임지는 방식이거든요.
그러면서 바꾸고 포용하고 수용하는 게 중요한데….

다는 생각이 요즘 많이 들더라고요.

최종건 우리가 지금까지 법률가와 법률 세상을 너무 많이 비난했는데, 사실 권력에 대한 철학적 사유는 법률가들이 제일 많이 합니다. 헌법에서 그렇죠. 공법이란 이름을 가지고 하고요. 우리 행정에도 공법 학계도 있고, 행정법 학회도 있고, 그다음에 형사법 학회, 민법 학회 이렇게 있지만, 여기서 공법이라고 하는 것은 헌법에 대한, 권력에 대한 사유 그리고 권한과 권력에 대한 분배적 논의를 많이 해서, 이걸 어떻게 표현하느냐를 공법적 마인드라고 하죠. 그런데 대한민국 법조계에서 여기저기 막 쫓겨났던 사람이 (일동 웃음) 문재인 정부를 만나 고속승진으로 검찰총장까지 올라서 여기까지 왔단 말이에요. 이게 아이러니하긴 해요.

그렇다면 윤석열 대통령은 매우 안 좋은 법적 트레이닝을 받았다, 라고 평가하는 게 맞을 것 같아요. 우리가 법률가나 법 일반과 각을 세울 이유는 없잖아요. 이렇게 공법적 마인드가 결여되어 있는, 매우 안 좋은 법적 트레이닝을 받은 이들이 많이 들어가 있는 게 이 정부의 진짜 문제인 거죠.

김성회 교수님이 지적을 잘해주셨는데 공법은 처벌하는 법이 아니잖아요. 공법이란 건 검사가 공부할 필요가 없는 법인 거죠. 검사는 형사법만 보는 거예요. 윤석열 대통령이 인식하는 법의 체계는 지금 말씀하신 그런 넓은 차원에서의 법치가 아니라, 형사법을 놓고 검사의 입장에서 처벌 여부로만 판단을 하고 있는 거라 봐야죠.

최종건 바로 그거네요. 용어를 명확하게 해야 해요. 우리가 정치의 사법화, 법률, 형사, 법치, 이런 말들을 내내 썼는데, 법치주의가 아니라 형사법치주의라고 해야 합니다.

사회자 법치주의라고 하지만 사실은 형사법치주의다, 라는 말이 중요한 포인트인 것 같습니다. 형사법치주의가 전제로 하는 건 죄를 따지고 형량을 매기는 그런 형사법인 거고, 법치주의가 전제로 하는 건 헌법인 것이겠지요. 지금 법치에 대한 논란에서 '헌법'에 대한 관심이 빠져 있다는 생각이 듭니다.

최종건 헌법에는 역사가 응축되어 있어요. 우리가 헌법에 5·18을 넣자고 했던 이유가 그런 것 때문이잖아요. 그리고 헌법엔 이미 3·1운동이 들어가 있는데… 그 이유를 생각하면 징용공 문제 등등을 이렇게 해결할 수는 없죠. 결국 권력에 대한 성찰과 사유가 중요하다는 이야기로 되돌아오네요.

김성회 징용공 문제를 비롯해 자기가 다 안다고 생각하니까 위안부 문제도 '아니, 그거 배상해주고 합의하면 되잖아! 그거

윤석열 대통령은 매우 안 좋은 법적 트레이닝을 받았다, 라고 평가하는 게 맞을 것 같아요.
우리가 법률가나 법 일반과 각을 세울 이유는 없잖아요.
이렇게 공법적 마인드가 결여되어 있는,
매우 안 좋은 법적 트레이닝을 받은 이들이 많이 들어가 있는 게 이 정부의 진짜 문제인 거죠.

왜 못하는 거야?' 이런 마인드로 대하는 거죠.

최종건 징용공 문제에 대해선 심지어 채무자, 채권자라는 표현을 썼습니다.

김성회 돈 주고 해결할 수 있는 문제란 걸 지금 내가 보여주겠다고 하는 것 같아요. 문재인 정부가 미적거린 문제를 내가 해결할 수 있단 걸 보여주겠다는 거죠.

최종건 징용공 피해자, 위안부 피해자들을 보상금만 받으면 되는 인간들로 만드는 거죠. 너무 야박하고 잔인한 세계관입니다.

대책은 없고 주장만 있다, 거대한 '자가당착'

김성회 저는 이어서 자가당착에 대한 이야기를 좀 하고 싶은데요. 이 정권이 얼마나 준비가 안 되어 있었는지에 대한 이야기입니다. '살아있는 권력 수사가 멸종되었다.'고 윤석열 대통령 본인이 21년 11월에 말했습니다. '조국 사태로 대한민국 법치가 무너졌다.'거나 '민주당 정권이 일하는 검사를 다 내쫓았다.' 이런 취지의 얘기를 했는데, 도이치모터스 주가 조작 사건도 그렇고 장모 관련해서 무혐의 처분도 그렇고, 본인이 그런 말을 할 처지가 아닙니다.

법원에서 '검사가 유죄를 입증하지 못해서 이 사람에게 유죄를 줄 수가 없다. 그래서 무죄다.'라고 판결문에 쓰는 사태까지 벌어졌어요. 검찰 체제에서 모든 사람이 윤석열 대통령의 말을 듣는 것은 아닙니다. 공판 검사들이 별도로 존재하는데, 이 공판 검사들이 재판에 나와서 '여러분들 여기 보세요. 김건희 여사가 주가 조작을 한 것 같습니다. 이런 증거가 있습니다.'라는 발언이 재판 판결문에 들어갈 수 있도록, 속기록에 적히도록 하고 있는 거예요. 이 상황을 뭐라고 평해야 할지 잘 모르겠습니다.

그 결과인지는 모르겠지만 얼마 전에 2명의 검사들이 전출됐습니다. 대변인 성명도 발표하고 다 했지만, 언론에 전혀 안 나왔어요. 안 실어주니까요. 정기 인사라고는 했지만 관련 검사들을 내쫓았고요. 결국 도이치모터스를 수사하던 7명의 검사가 전부 다른 곳으로 옮겨진 상태입니다. 자의든 타의든 그들이 더 이상 그 자리에 없다는 팩트는 달라지지 않습니다.

사회자 지금 김 소장님이 자가당착이라는 말을 쓰셨지만 저는 윤 정부의 탄생 자체가 거대한 자가당착이라고 생각합니다. 자신을 검찰총장으로 임명한 대통령과 그 정부를 떠나 반대진영으로 넘어갔고, 그 정부를 계속 비난하며 인기를 모았고, 또 후보 시절부터 당선 후 대통령이 되고나서 1년이 돼가도록 앞뒤가 맞지 않는 말과 행동으로 일관하고 있으니까요. 그를 후보로 받아들였던 국민의힘도 사실은 당혹스럽지 않을까요? 물론 애초에 검찰총장으로 고속승진을 해준 전 정부도 마찬가지일 테고요. 다들 자가당착에 빠져 있는 게 아닐까 싶습니다.

김성회 자가당착의 다른 예로 재정 건전성 문제도 거론할 수 있습니다. 사실 코로나 때는 재정 건전성을 따질 때가 아니었잖습니까. 기재부의 완강한 주장에 문재인 대통령도 어쩔 수 없이 어느 정도 동의를 했던 바가 있지만, 전 세계가 국가 부채가 상승하는 국면에서 거의 우리나라만 개인 부채 상승률이 국가 부채보다 더 높았던 것에 대해서 비판할 수는 있다고 생각합니다. 하지만 그것도 안 된다고, 재정을 더 건전하게 유지해야 한다고 윤석열 대통령이 문재인 정부를 비판했죠.

그런데 본인이 임기를 시작하자마자 일단 추경을 해서 엄청난 돈을 풀기 시작했습니다. 거기서 그치지 않고 5년 동안 60조의 법인세 인하 계획과 감세 계획도 세웠죠. 재정을 건전하게 하자면서 감세를 하면 둘은 상충이 되는 겁니다. '어떻게 해결하겠다.'는 대책은 별로 보이지 않아요. 주장만 계속하면 된다고 생각하는 것 같아요.

윤석열 대통령은 '자유'에 대해서 많이 말하지 않습니까. 광복절 경축사에서 33번, 취임사에서 35번, 5·18 민주화운동 기념사에서 13번, 현충일 추념사에서 6번을 되풀이했어요. 그런데 그렇게 자유를 좋아하고 따지시는 분이 '언론의 자유'에 대해서는 어떻게 했죠? 작년에 MBC 기자가 슬리퍼를 신었다는 걸 문제 삼았고, 또 MBC가 정부에 비판적인 보도를 했다며 특별한 이유 없이 전용기 탑승을 거부하셨죠.

저는 도어스테핑(Doorstepping, 집 밖이나 건물 입구 등 공개된 장소에서 특정 인물을 기다렸다가 약식으로 하는 기자 회견)이 중단된 것이 상징적이라고 봅니다. 그 후에 대통령이 출입하는 걸 안 보이게 하려고 벽을 쳤어요. 없던 벽이 생긴 건 상징적인 사건이잖아요. 매일 화면에 나가던 장면인데, 거기에 벽을 쳐놓은 이후에 국가안보시설이라는 이유로 못 찍고 있습니다. 그 벽 사진 한 장이라도 보신 분 계신가요? 이런 경우에는 기자들이 뉴스 엠바고(News embago, 취재한 사안을 보도하는 것을 일정 기간 미루기로 약속하는 것)를 깨고라도 보도할 만한 일이죠. 이 사건은 용산 대통령실에 출입하는 기자들이 얼마나 얌전한지를 보여주는 대목이라고 생각합니다. 언론을 막아버린 이 장벽을 보도하는 언론사가 단 하나도 없다는 거죠. 이 정도로 자유가 제한된 상태입니다.

사회자 앞에서 법치라는 말이 한국에서 고생을 한다는 말을 했는데, 자유라는 말도 마찬가지인 것 같습니다. 어떤 '자유'에 대해서는 제한하고 심지어 억압하면서 여전히 자유라는 말을 버젓이 쓰고 있으니까요. 그나저나 이번 정부는 스스로 자기가 말한 바를 자기가 뒤집고 허무는 사례가 너무 많아서 '자가당착'으로만 책 한 권이 나올 수 있을 것 같습니다.

김성회 노동문제도 마찬가지입니다. 윤석열 대통령은 요즘 대기업 정규직 노동자들이 비정규직 노동자의 목을 죄고 착취를 하는 게 문제라고 말합니다. 실제로 거제에서 정규직 노동자들과 충돌한 비정규직 노동자들이 살려달라고 1미터짜리 철장을 치고 들어가서 시위하는데, 그곳에 장관들이 떼로 몰려가서 불법 파업을 엄단하겠다고 말했습니다.

그 현장에 있던 사람들이 바로 비정규직 노동자들이에요. 원청과 정규직 노동자로부터 고통을 받는 사람들이었거든요. 윤대통령은 그때 '불법 파업은 엄단할 것'이라면서 그 하청노동자들을 처벌하겠다고 겁박했습니다. 그런데 지금은 어떻습니까? 정규직 노동자가 하청 노동자의 임금을 갉아먹는 구조라면서, 자기가 처벌하겠다고 겁박했던 그 하청노동자를 이제는 희생자라고 말하잖아요.

인사 편중은 두말할 필요도 없습니다. 검찰 출신이 많다고 하니까, 이전 정부에선 민변 출신 변호사로 다 도배를 했었다고 발뺌을 했죠. 하지만 문재인 정권 초기에 민변 변호사 출신이 내각에 들어온 인사는 없었다는 사실이 확인되었습니다. 반면에 지금은 극우 유튜버들이 대통령실 행정관으로 들어오고 있죠. 극우 유튜버 안정권 씨의 누나도 행정관으로 일하고 있어요. 대통령이 권선동 의원과 주고받은 문자에서 언급된 또 한 명의 인사가 있습니다. 강기훈 행정관입니다. 탄핵 여론이 조작됐다거나 4·15 부정선거 같은 완전히 극우적인 주장을 하고 자유의새벽당 당수를 했던 사람도 채용돼서 일을 하고 있어요.

대통령실의 경우, 뽑을 수 있는 거의 모든 자리가 검사 또는 검찰 수사관이었던 사람들로 채워지고 있죠. 총무비서관 같은 경우는 내부를 챙기고 내부 인사를 담당하는 중요한 직책입니다. 그런데 이 사람도 검찰 수사관 출신에다가 윤석열 대통령과 오래 손발을 맞췄던 사람이라고 하죠. 윤석열 검찰총장 시절 특활비 147억을 관리했던 당사자입니다. 시민단체의 공개요청에 2심 법원까지 공개 판결을 내렸지만 한동훈 법무부장관은 다시 상고했어요. 대통령실에 외가의 6촌, 코바나컨텐츠 직원들도 들어오고, 지인의 아들까지 들어와서 일을 하고 있습니다. 그냥 오래 알던 사이라고 채용을 하는 문제들도 지적하고 싶네요.

사회자 문재인 정부의 비판자들은 흔히 민주당의 팬덤정치를 비꼬고 혐오하며 공격에 나서곤 했습니다. 그런데 지금 국민의힘 안에서 벌어지는 일에 대해서는 그다지 관심을 두는 것 같지 않더군요. 리버럴 지식인이라 칭하던 이들도 그러고 있어서 좀 모양새가 빠진다는 생각까지 듭니다.

김성회 네, 맞습니다. 국민의힘도, 윤석열 대통령도 민주당의 팬덤정치에 대해서 엄청나게 비판을 많이 해왔죠. 그런데 국민의힘 전당대회만 봐도, 대통령이 한 달 전에 1만 명이 넘는 사람들이 공개적으로 모이는 자리에 참석할 거라고 사전 고지를 하고 가는 경우가 어디에 있습니까. 이건 경호상으로 굉장히 위험한 일이거든요.

예를 들어, 대통령을 해치려는 사람이 그 넓은 체육관에서 한 달 동안 준비하고 있다고 생각해보세요. 이번 전당대회는 당 대표를 뽑는 전당대회가 아니라 '나를 축하하는 전당대회니까, 내가 원하는 사람을 꼭 찍어주세요.'라는 취지의 말을 경호상의 위험은 아랑곳하지 않고 그냥 하는 겁니다. '100% 당원 투표를 해야 된다.'는 취지의 말이 대통령 입에서 흘러나오고 여당이 정리되는 경우가 과연 있었나요?

"사람에 충성하지 않는다."라고 말했던 사람이 본인 스스로 '이 사람은 안 돼, 저 사람도 안 돼.'라면서 사람을 갈라 세

예전에는 총무비서관이 대통령 비자금을 확보하는 일이 많았습니다.
그래서 문재인 대통령은 일부러
생판 모르는 기재부 공무원을 5년 내내 총무비서관으로 고용했어요.
그런 선례도 있는데,
윤석열 대통령은 가장 가깝게 지냈던 사람을
총무비서관으로 쓰고 있습니다.

우고 있죠. 본인이 했던 말들과 지금의 행동이 너무나 큰 괴리가 있다고 생각합니다.

최종건 행선지도 투명하고 욕망도 투명하네요. 총무비서관 건은 부연 설명이 필요해보입니다. 총무비서관은 안에서 살림을 하는 역할이에요. 예전에는 총무비서관이 대통령 자금을 확보하는 일이 많았습니다. 그렇게 비자금을 형성했거든요. 그래서 문재인 대통령은 일부러 생판 모르는 기재부 공무원을 5년 내내 총무비서관으로 고용했거든요. 그런 선례도 있는데, 윤석열 대통령은 가장 가깝게 지냈던 사람을 총무비서관으로 쓰고 있습니다. 이건 문제가 될 수 있습니다. 과거의 사례를 보더라도요.

김성회 검찰 수사관으로 3급까지 올라갔던 사람을 1급으로 특별채용을 했던 일도 있습니다. 공무원 사회에서 3급을 하던 사람을 1급으로 올려주었으니 얼마나 충성을 할지 눈에 보이지 않습니까?

난방비 정국이 보여준 안이함과 포퓰리즘

사회자 잠깐 재정 건전성에 관한 이야기가 나왔었는데, 이광수 위원님께서 보충하실 말씀이 있을까요?

이광수 재정 건전성이라는 캐치프레이즈를 내세우지만 구체적인 징책은 없습니다. 그냥 자기가 하고 싶은 걸 다 해보는 거죠. 감세하고 복지를 줄이는 겁니다. 왜 이렇게 포퓰리즘을 하냐면 국민의힘이 원래부터 가지고 있던 경제적 프레임이 재정 건전성, 감세 이런 겁니다. 그래서 그걸 도입하는 겁니다. 그 당의 소속이니까요. 하지만 그 디테일을 들여다보면 본인이 하고 싶은 걸 하는 거죠.

재정 건전성이라고 하면, 예를 들어 세금을 많이 걷고 예산은 덜 써야 하는 겁니다. 진정으로 그렇게 할 생각은 없고, '내가 국민의힘 소속이니까 캐치프레이즈는 받아줄게. 그러고 나서 내가 하고 싶은 거 할 거야.' 이런 심리 같아요. 국정 운영을 해야 하는데, 개인 정치를 계속하고 있는 겁니다. 이런 것들이 경제에 타격을 미칠까 걱정이죠.

최종건 재정 건정성 문제는 맥락이 중요한 것 같아요. 코로나 팬데믹은 일반적인 상황으로 볼 수 없습니다. 작년 봄에 청와대를 떠나는 그 순간에도 시장경제가 거의 내려앉았다가 다시 반등할 수 있느냐 마느냐 하는 시점이었죠. 그 시점에서 전 정부는 그동안 유지했던 정책을 조금씩 바꾸면서 밸브를 열어놓는 상황이었던 걸로 압니다. 그 불과 1년 전만 하더라도 4명 이상이 못 앉았어요. 집합금지 시간을 밤 9시로 할 건지, 10시로 할 건지 논쟁했던 시기였죠. 저도 상당히 답답해서 그냥 10시, 11시까지 열어주자고 주장했던 사람입니다. 그래서 이번에 난방비에 대해 변명하는 거 보면서 무척 놀랐어요.

현 정부에서 과학방역 운운하며 지난 정부의 방역 부분도 비판했는데, 우리나라가 방역을 정말 잘했다고 칭찬을 많이 받았습니다. 그건 두 가지 이유가 있어요. 먼저 방역 인력 의료진들이 말하는 전문적인 의견을 100% 수용한 것, 두 번째는 국민이 잘 따라줬다는 겁니다. 그런데 이런 걸 다 무시하고 과학방역을 하겠다고 합니다. 그럼 그전에 했던 건 무속방역이었다는 겁니까? (일동 웃음)

저는 이번 난방비 사태에서 이 정부의 문제가 극명하게 드러나는 것 같아요. '전 정부 탓이야.' 또는 '해외 시장 탓이야.' '그래서 어쩔 수 없어.'라고 핑계를 대면서, 비난이 거세지니 그 다음 날 저소득층에게 '바우처'(Voucher)를 준다는 발표를 용산에서 했어요.

이게 왜 문제냐 하면, 외생 변이로 인해서 국내 가격이 높아질 수 있거든요. 에너지가 가장 큰 문제고, 에너지로 인해 발생되는 여러 공급망의 위기가 있을 수 있어요. 이런 문제들이 국내로 파생될 가능성이 있는데, 결국은 문재인 정부 탓을 하는 거예요. 또한 민심이 안 좋아지고 기업의 환경이 안 좋아지고, 그래서 여론이 안 좋아지면 바로 정책을 뒤집어서, 이번처럼 난방비 바우처 등을 지급해버렸는데요. 이렇게 하룻밤에 결정하는 게 결국 포퓰리즘 사업이에요. 가만히 내버려둔 채 방치하고 있다가 여론의 향방에 따라 갑자기 포퓰리즘 사업으로 만회하는 이런 방식이 큰 문제라고 봅니다.

사회자 해당 바우처는 연초에 예산을 줄였던 걸 다시 편성한 것이라고 하더라고요.

최종건 제가 말씀드리고 싶었던 건 재정 건전성과 방역으로 상징되는 과학적인 요소, 정책의 일관성을 이 정부에서 완전히 다 뒤집어버렸다는 사실입니다.

이광수 기본적으로 대한민국은 모든 원자재를 수입하잖아요. 전력비도 오르기 시작할 텐데, 가스공사 같은 곳은 적자가 날 수밖에 없는 구조입니다. 9조가 적자났다, 10조가 적자났다 하면 굉장히 자극적으로 들리지만, 적자가 난 이유는 사실 복지 차원에서 썼기 때문이죠. 전력을 싸게 사서, 그걸 삼성전자가 사용하면서 잘 되고 있는 거잖아요. 너무 당연한 얘기를 언론에서 굉장히 자극적으로 써대고 있는 겁니다.

김성회 가스 얘기를 조금 더 하면, 문재인 정부 때 두 번 사용료를 올렸어요. 마지막에 두 번 올리고, 윤석열 정부 들어서도 두 번 올려서, 8~9개월 동안 총합 40%가 올라간 거거든요. 그러니까 지난겨울이 오기 전에 이미 다 올라 있었어요. 그러면 정상적인 정부라면 가을쯤에 "시민 여러분, 이러저러 해서 가스 요금이 올랐습니다. 국제 원가가 10배가 올랐으니까 우리는 방법이 없습니다. 버틴다고 버텼는데 안 됐습니다. 올 겨울은 창문에 뽁뽁이 붙이고, 내복 입고 난방 온도 1도씩 낮춥시다. 가스요금 많이 나옵니다. 조심하셔야 됩니다."라고 했어야죠. 사회적으로 공감대를 형성했어야 합니다.

국민들이 작년이랑 똑같이 썼는데 가스요금이 2배 나왔다고 분노하기 전에 정부가 충분히 정보를 제공했어야 합니다. 올해는 작년이랑 똑같이 쓰면 안 되는 상황이거든요. 그걸 국민들에게 알려주고 에너지를 아끼자고 하면서 정부가 리더십을 발휘해야 하는데, 오르고 나니까 문재인 정부 때문이라고 하는 겁니다. 2022년부터 오른 건데 말이죠.

사회자 가스 고지서를 받아드는 순간까지 아무도 그런 판단을 안 한 거죠.

최종건 그건 기본적으로 공무원들이 일을 안 한 겁니다. 앞서 살펴봤듯이 일 안하는 것도 정권의 자업자득이지만요.

이광수 전 세계에서 우리나라만큼 가스를 많이 쓰는 국가가 없어요. LNG 망이 이렇게 가정마다 들어간 나라는 별로 없습니다. 러시아와 이란과 카타르가 주요 LNG 생산국인데, 전 세계에서 일본과 우리나라가 LNG를 가장 많이 써요. 그럼 근본적으로 한번 생각해봅시다. 가스가 가격의 변동성이 크다는 문제를 해결하려면 국가가 나서서 가격 변동성을 줄이는 역할을 해야죠.

예를 들어, 카타르 혹은 이란에 가서 장기 계약을 맺어야 합니다. 그런데 윤석열 대통령이 이란은 적이라고 했잖아요. (일동 웃음) 그럼 카타르가 어떻게 나올까요? '아, 니네 이란하고 적이야? 그럼 러시아에서 수입할 수 있는 처지도 아니고, 이젠 우리 것만 살 수 있겠네?', 이러면서 가격을 두 배로 올려서 팔아도 울며 겨자 먹기로 사야 하는 겁니다.

최종건 카타르는 2022년 3월에 김부겸 당시 총리가 다녀왔습니다. 그전에 저도 세 번 다녀왔고요. 사람들이 잘 모르지만 카타르는 기름을 생산하지 않습니다. LNG를 생산하지요. 러시아는 파이프라인을 통해서 LNG를 수출하는데, 그래서 러시아가 LNG를 통제할 수 있는 겁니다.

우리나라나 일본이 LNG를 카타르나 다른 나라에서 가져와야 되니까 LNG 운반선을 먼저 만들었어요. 카타르가 가만히

보니, 한국 배가 좋은 거예요. 그런데 이 LNG 운반선은 상당히 고급 기술입니다. 그래서 카타르가 운반선 100여 대를 선제적으로 가계약했어요. 그래야 그 도크(Dock, 운반선을 정박하는 곳)를 선점할 수 있대요. 우리가 배를 만들고 그걸 가지고 LNG를 수입하는 거예요.

우리가 LNG 운반선을 공급하니까 한때는 수요자 중심 시장이었습니다. 그런데 이제는 공급자 중심 시장이 되어서 당연히 가스값이 오를 수밖에 없어요. LNG는 가스공사에서 거의 수입하는 거라 가격 조정을 우리가 할 수 있는 여지가 있었는데도 불구하고 가스요금이 올랐던 케이스예요. 거기다 대고 '문재인 정부 때문에 올랐어.'라고 하는 건 에너지를 정쟁화하는 가장 무식한 방식이죠.

그런데 이런 내용을 잘 알 만한 사람들이 이야기를 안 해요. 면면을 따지고 보면 오랫동안 관료를 했던 사람들이 현 정부에서도 요직에 앉아 있습니다. 문재인 정부 때도 요직에 있던 사람들이죠. 그런데 이 사람들이 지금 얘기를 안 하고 있는 거예요. 가스요금도 국민들이 화 안 내면 그냥 넘어가려고 했다가 가스요금 얘기가 설날 밥상에 오르게 된 겁니다.

사회자 비슷한 사례로 미국 IRA에 현대기아차에 불리한 조항이 들어가 있으니 대비해야 한다는 것도 미리 알고 대응했어야 하는 거 아닙니까?

최종건 IRA 관련해서는 저희가 이미 그쪽에 다 공유했어요. 그러니까 말이 안 되는 거죠. 인수위에서도 다 조치를 취했을 겁니다.

김성희 그 내용과 관련해서는 국정원도 보고하고 인수위도 보고했을 겁니다.

사회자 그럼 위에서 모르는 체 한 거군요. 아니면 모르는 척한 게 아니라 자료를 보고도 정말 아무것도 몰랐거나요.

민주노총과 화물연대, 노동을 업신여기는 정부

이광수 아까 간첩 이야기를 하면서 잠깐 민주노총 이야기가 나왔었지요. 저는 그 이야기를 좀 해보고 싶습니다. 간첩은 아니고, 노동에 대한 이야기를요. (일동 웃음)

윤석열 정부가 민주노총을 대하는 걸 보면 노동을 어떻게 대하는지 가늠해볼 수 있습니다. 지금 전 세계적으로 노조 설립과 가입이 증가하고 있어요. 파업도 많아지고 있고요. 사실은 한국도 지금 한창 노조가 열심히 활동을 해야 할 때예요. 왜냐하면 인플레이션이 되면 실질임금이 떨어지잖아요. 그러면 노동자들의 불만이 커지죠. 이 과정 속에서 노동자들은 명목임금을 올리는 등 물가 상승에 대응해야 합니다. 노동자들이 그렇게 해야 부의 재분배도 일어나고 사회가 또 다른 발전을 이루게 되는 거죠. 이게 경제적 흐름이에요.

과거에도 보면, 우리가 하이퍼인플레이션 혹은 스태그플레이션이라고 했던 1970년대 후반에 전 세계에서 노조 파업이 가장 많이 일어나요. 한국에서도 YH 여공들이 파업하다가 박정희 정권에게 탄압받고 야당 의원 김영삼이 제명당하고 그랬던 때죠. 이처럼 경제적인 배경을 이해하는 게 중요합니다.

김성회 그러니까 지금은 노조가 파업을 하고 열심히 활동을 해야 경제가 발전하는 구조인 거네요.

최종건 그런데 이 정부는 경제적인 맥락에 대한 이해도 못하고 바로 공안통치로 가버렸고요.

이광수 제 입장에서 보면 충격적이죠. 노조들이 열심히 활동해서 명목임금을 올려야 다시 소비가 활성화되고 경제가 회복될 상황인데 말입니다.

김성회 마치 1987년 노동자 대투쟁 이후로 중산층이 폭발적으로 늘었던 것처럼 말이죠.

이광수 이건 중요한 선순환 구조입니다. 인간은 모두 경제적

인플레이션이 되면 실질임금이 떨어지잖아요.
그러면 노동자들의 불만이 커지죠.
이때 노동자들은 명목임금을 올리는 등
물가 상승에 대응해야 합니다.
노동자들이 그렇게 해야 부의 재분배도 일어나고
사회가 또 다른 발전을 이루게 되는 거죠.
이게 경제적 흐름이에요.

동물들이기 때문에 그런 큰 틀에서 움직이게 되는 건데, 바로 그 지점을 건드려버린 거예요. 민주노총 입장에서는 원래 지금 춘계투쟁 준비하고 임금인상 투쟁을 준비해야 할 시기인데, 지금 같은 분위기에서 그렇게 할 수 있겠어요? 그래서 지금 임금을 올려야 할 시기인데 대기업들이 임금을 올리지 않고 있습니다. 전 윤석열 정부 사람들이 혹시 이걸 노리고 한 건가, 대기업 도와주려고 그런 건가 하는 생각까지 들었습니다. 사실 우리가 생각하는 것보다 훨씬 머리가 좋은 사람들일까요? (일동 웃음) 그런데 대기업 입장에서 보면 당장은 좋을 수 있지만 그건 당장일 뿐입니다. 이러면 선순환이 안 되고 악순환으로 가게 됩니다. 소비가 진작되고 내수가 회복되어야 경제에 좋은 거잖아요.

사회자 민주노총을 수사한다는 건도 충격적이었지만, 사실 제가 더 놀랐던 건 화물연대 파업 사태를 대하는 방법이었습니다. 저걸 저렇게 대응한단 말이야 싶은 대목이 너무 많았어요.

이광수 제가 먼저 한마디 하자면 정부와 언론에서 굉장히 교묘하게 실체를 흐리고 있어요. 화물연대 관련 뉴스를 보면 제일 먼저 접하는 게 '몇 억씩 번다더라.'는 보도예요. 당연히 그런 보도를 본 사람들은 '몇 억씩 벌면서 파업을 해?'라는 반응이 먼저 나오기 쉽겠죠. 그런데 실제로는 90% 이상의 화물차 운전기사들은 벌이도 그렇게 많지 않을 뿐 아니라 엄청나게 힘들고 사고도 많이 나는 상황이에요.

아마도 몇 억씩 버는 건 지입을 해서 차를 여러 대 가지고 다른 기사에게 빌려주는 그런 사람일 겁니다. 그런 사람들 몇 명으로 화물연대 기사 전체를 매도하는 거죠. 지금 화물연대에

속한 운전기사들이 분노하는 건 물가는 가파르게 오르는데 임금이 떨어지고 있다는 것이거든요. 그런데 언론에선 몇 억씩 번다는 보도를 먼저 내보내요. 이후엔 법을 안 지키니까 진압해야 한다고 사용자들이 고소 고발을 하죠. 심지어 작년 4분기 경제 성장률이 마이너스가 나왔는데, 정부가 그 이유를 설명하면서 그중 하나로 화물연대 파업을 들기까지 했습니다. 정말 깜짝 놀랄 만한 일이었어요.

최종건 역성장했다고 신문에 기사가 났었죠.

이광수 기획재정부가 보도자료에서 마이너스 성장의 이유 중 하나로 화물연대 파업 때문에 경제 성장률이 줄었다고 얘기한 거예요. 이런 일을 통해 정부의 전체적인 큰 방향성이 뭐냐 하고 유추해보면, 국가가 잘 돌아가지 않는 이유를 계속 다른 데서 찾는다는 겁니다.

최종건 진짜 충격적입니다.

사회자 남탓을 하는 데는 확실히 재주가 있는 것 같아요.

김성회 위원님 말씀을 들으니 당시 뉴스 보도 내용이 기억납니다. 처음에 물동량이 묶여 있었을 때 '10조 손실이 났다.' 이런 식으로 보도를 했거든요. 사실은 그날 화물이 묶여 있으면 배송이 지연되는 날짜만큼, 화물 가치의 이자만큼 손해가 난다고 볼 수 있는데, 이게 대략 하루당 한 1~2억 정도로 계산이 나올 겁니다. 그것 때문에 경제성장률이 떨어졌다는 건 말이 안 되죠.

우리나라 경제 규모에서요.

이광수 매출이든 이자든 기재부가 저걸 제대로 계산해서 넣어서 한국 전체 경제성장률에 영향을 미쳤다고 말한 걸까요? 그건 계산이 안 되는 거죠. 팩트와는 아무런 상관없이 그냥 막 말하는 겁니다.

최종건 추경호 부총리 작품이겠죠. 그런데 정말 그렇게 이유를 적어낸 건 대박인데요.

이광수 화물연대가 생산의 주체는 아니잖아요. 그러니까 물류의 이동이 GDP에 영향을 미칠 가능성을 산출하기가 쉽지 않은데, 그거를 이유로 딱 적어서 정말 놀랐어요.

최종건 게다가 물류 전체가 통째로 멈춘 적은 없었죠.

이광수 저는 불만이 혁신을 만든다고 생각하거든요. 사람들의 불만들이 모여야 대안을 고민하고 찾아낼 수 있겠죠. 좀 다른 얘기일 수도 있겠지만, 한국의 물류에서 새벽 배송이라는 게 충격이지 않습니까? 언젠가 퇴근하다가 제 딸에게 전화하면서

기획재정부가 낸 보도자료에 마이너스 성장의 이유 중 하나로 화물연대 파업 때문에 경제 성장률이 줄었다는 언급이 있어요. 이런 일을 통해 정부의 전체적인 큰 방향성이 뭐냐 하고 유추해보면, 국가가 잘 돌아가지 않는 이유를 계속 다른 데서 찾는다는 겁니다.

"새벽 배송 봐. 우리나라 신짜 좋지?"라고 말했더니 딸아이가 "근데 새벽 배송은 누가 해주는 거야? 그분들은 행복해?"라고 해서 망치로 머리를 한 대 맞은 듯한 충격을 받은 적이 있어요. 화물연대에 대해서도 비슷할 수 있는데, 우리가 편리함만 생각하고 그 사람들의 처지는 생각하지 않으면 문제가 되는 겁니다. 새벽배송의 경우 우리가 비용을 더 지불하는 것으로 알고 있거든요. 그런데 대부분 그렇지 않습니다. 배송비는 싸게 책정하면서 새벽배송은 받고 싶다고 하면 안 되는 거죠.

김성회 여기서 하나 체크하고 넘어갈 게 기본적으로 물류 사업 자체가 자영업이라고 보기 어렵습니다. 대부분의 차주들이 화물 주인인 화주에게 묶여 있거든요. 예를 들어 하이트의 소주 배송하는 사람은 하이트 소주만 계속 운반합니다. 이건 말이 자영업자지 사실상 노동자인 셈이죠.

EU는 도로 운송에서의 운전·휴식 시간에 관한 규정 '561/2006'을 만들어 규제를 하고 있습니다. 하루에 운전할 수 있는 시간과 운행거리까지 통제해요. 처음에는 운송 노동자에게만 하다가 이제 그 범위를 확대해 모든 자영업 차주들에게까지 적용하고 있습니다.

우리나라는 지금 안전운임제는 해놓았지만
이 사람이 하루에 18시간씩 운전하는지 어떤지에 관해서는
전혀 규제를 안 하고 있었던 거예요.
그러면서 지금처럼 '18시간 동안 죽어라 운전해서 돈 버세요.'라고
등을 떠밀고 있으니까 자꾸 사고가 나는 거죠.

이러면 당연히 물류비가 올라갈 수밖에 없어요. 그런데 그렇게 해야만 안전이 지켜집니다. 우리나라는 지금 안전운임제는 해놓았지만 이 사람이 하루에 18시간씩 운전하는지 어떤지에 관해서는 전혀 규제를 안 하고 있었던 거예요. 그러면서 지금처럼 '18시간 동안 죽어라 운전해서 돈 버세요.'라고 등을 떠밀고 있으니까 자꾸 사고가 나는 거죠.

정부에서 말하는 '안전운임제를 해도 사고가 줄지 않는다.'는 이야기의 속사정이 바로 이겁니다. 안전운임제가 안전을 보장하는 게 아니라 유류비 등을 감안해 운송비를 좀 더 줄 뿐인 거죠. 정부가 규제를 통해 휴게시간을 강제하고 적정한 물류비가 연동되게 구조를 만들어야 합니다. EU 수준으로 규제를 하려면 물류비가 올라가는 문제가 또 있으니까 이런 것들을 종합적으로 놓고 고려를 해야 하는 거죠. 문재인 정부 역시 3년 전에 안전운임제를 시행했으면 그 3년 동안 좀 더 진일보한 대책을 내놓았어야 했어요.

최종건 관찰자의 입장에서 봤을 때, 법치라는 이름으로 노동자들에게 비용을 다 전가했다고 생각합니다. 사후 처리가 별로 안 좋았던 것 같아요. 정부는 '이겼다', '승리했다'는 식의 생각밖에 없는 것 같고요. 그러니까 더 이상 관용을 취하지 않고 법대로 하겠다고 했죠. 이 사람들은 돈 많이 버는 사람들이라고 규정해놓고, 모든 비용을 가장 약자인 노동자들에게 전가한 겁니다. 결국은 상처가 곪아서 다시 문제가 터질 수밖에 없을 겁니다.

내 출생을 알리지 마라, RE100

김성회 경제 부문 이야기할 때 언급됐던 RE100 이야기를 좀더 자세히 해볼까 합니다.

2022년 9월 15일에 삼성이 RE100을 하겠다고 선언을 했어요. RE100은 민간 캠페인이지만 전 세계적으로 강제력을 가집니다. 생산에 소비되는 전력 100%를 재생에너지로만 쓰는 회사로 전환하는 시점을 2050년으로 잡고 그 방향으로 가겠다는 선언이었어요. 삼성이 환경 친화적인 회사라서가 그런 선언을 한 건 아닙니다. 이제 RE100을 해야 외국에 물건을 팔 수 있게 되니까예요. 애플 등 전 세계 대기업이 RE100을 실천하는 회사 물건만 쓰겠다고 선언했거든요.

삼성이 RE100 선언을 하면서 무슨 일이 벌어졌냐 하면, 삼성 임원들이 언론사에 전화를 해서 보도를 좀 작게 해달라고 간청을 했다는 거예요. 원래대로라면 크게 알려야 하는 일인데 한편으로 정권 눈치가 보였던 거겠죠. 저는 당시 삼성 임원으로부터 전화를 받았던 기자한테서 이 얘기를 들었습니다. 삼성전자가 RE100을 선언했지만 국내에서는 몰랐으면 좋겠는 그 '웃픈' 상황을 듣게 된 거죠.

사회자 RE100 선언한 걸 해외에서는 알았으면 좋겠지만 국내에서는 몰랐으면 싶은 거네요?

김성회 대통령이 지금 자기 혼자 다른 방향으로 가고 있는데, 여기서 삼성이 RE100을 크게 떠들면 곤란해질까 봐 걱정하는 거죠. 또 RE100 같은 경우는 대통령이 후보 시절에 이재명 후보와의 토론 과정에서 그 뜻을 모른다고 면박을 받았던, 지금 대통령에게 있어서는 약간 문제가 되는 주제기도 하거든요.

그런데 이 문제가 왜 심각하냐면 지금 탈탄소 정책은 단순히 낭만적인 슬로건이 아니라, 글로벌시장으로 나가기 위해서 기본적으로 갖춰야 되는 체력 조건 같은 의미란 겁니다. 윤석열 정부는 탈탄소 요구를 원자력으로 다 해결할 수 있다고 말은 하는데 사실은 아니에요. EU의 예를 들어볼까요? 원자력도 그린에너지로 구분할 수 있게 하는 그린 택소노미(Green Taxonomy)가 통과되긴 했는데, 전제 조건에 고준위 방사선폐기물 최종 처분시설 설립을 포함한 종합대책이 있어야 합니다. 우리? 없습니다! 그럼 이 종합 대책을 지금 만들고 있느냐? 아니죠! 그러니까 이도저도 아닌 것 같아서 걱정이에요. 지금 우리나라 원전은 EU에서 그린 에너지로 받아들여질 상황이 아닌 겁니다.

이광수 김성회 소장님이 굉장히 중요한 문제를 지적해주셨어요. 기본적으로 삼성전자는 한국 전체 가구 전력 소비의 23%에 해당하는 막대한 전력을 쓰고 있거든요. 그런데 이 전력은 대부분 한국전력에서 나오는 겁니다. 만약 한국전력이 신재생 에너지 방향으로 전환하면, 삼성전자가 RE100을 시행할 때 인프라를 투자할 필요가 없어요. 기존처럼 똑같이 사용하면 되는 거죠.

그런데 지금 한국전력이 그 준비가 안 되면 삼성전자가 투자해야 합니다. 한국에서 생산을 하려면 삼성전자가 발전소와 인프라까지 지어야 할 상황이 오는 거죠. 그러다가 중복투자가 일어나면 굉장히 복잡한 문제가 생기게 됩니다. 그렇게 되면 삼성전자로선 어떤 생각이 들까요? '한국에서 생산하지 않고 미국에 가서 생산하면 된다.'라고 생각할 수 있죠. 미국은 지금 태양광에 엄청나게 투자를 하니까 공장을 자연스럽게 외국으로 옮기는 일이 일어날지도 모르는 겁니다.

최종건 2015년 파리기후협약이 채택되면서 2050년까지 세계 모든 나라가 탄소 중립국이 되기로 했습니다. 그러기 위한 징검다리, 소위 마일스톤으로 '2030년에는 2018년 기준으로 몇 %를 줄이겠다.'는 선언을 협약 규정상 하게 되어 있어요. 그래서 문재인 정부는 2030년에 2018년도 기준으로 40%를 줄이겠다고 선언을 한 거고요. 제가 당시 상황을 좀 아는데, 우리 기업들은 처음에 "안 돼요. 그때까지 하려면 우리가 생산단가를 올려서 설비를 설치해야 되고, 그러니까 힘들어요."라고 말했어요. 그런데 세계적인 기류가 그렇고 이걸 준수하지 않으면 앞으로 유럽 시장은 아예 진입이 안 되는 거였거든요. 그래서 그렇게 선언했던 겁니다. 그뿐만이 아니라 문재인 정부 때는 탄소중립화와 관련해 대통령 주재 장관급 회의를 심각하게 여러 번 했습니다.

그런데 윤석열 정부 들어와서 기후협약에 관한 대통령의 모두 발언이 뭐였는지 아십니까? 관련 기사를 보는데 처음에는 "이거 왜 한다고 그랬어요? 이거 기업들이 힘들고…." 이러다가 그다음에는 "다 해야 된다면서요. 그럼 할 수 없지 뭐." 이러고 있는 거죠. 그렇게 하지 않으면 우리 기업들이 장기적으로는 해외 시장에 진입 자체가 안 된다는 데, 관심도 없고 제대로 알아보지도 않고 그렇게 대충 떠들고 있는 겁니다.

이광수 제가 아는 범위에서 좀 더 정확하게 말씀드리면, 지금 애플이나 아마존과 같은 기업에서는 스콥1(Scope1)*이라고 해서 스스로 쓰는 에너지 전력은 이미 신재생에너지 100%를 달성했습니다. 이제는 스콥1이 달성됐으니까 스콥2와 스콥3까지 가는 게 목표입니다. 스콥2라는 건 어떤 거냐면 이제 거래하는 업체들, 가령 삼성전자가 반도체를 우리에게 파니까 삼성 너네도 신재생에너지 100%를 달성해야 한다는 식입니다. 그래서 말씀하신 것처럼 이제 의무사항이 되죠. 이번에 나온 애플이나 아마존의 지속가능 보고서를 보면 이제는 스콥2와 스콥3까지 RE100을 지속해서 추진할 것이란 점을 이미 공언하고 있습니다. 준비가 되어 있지 않으면 큰일 나는 거예요.

최종건 대한민국은 우리끼리 혼자 살 수 있는 나라가 아니란 걸 잘 생각해야 합니다. 대통령 입장에서 어쩌면 국제법이란 건 안 지켜도 되는 거 아니냐고 마구잡이로 생각할 수도 있지만, 결과적으로는 우리 기업들과 우리 경제에 영향을 미치는 것이거든요. 그러니까 이건 정치와 진영의 문제가 아니라 미래 먹거리를 현재에 망치고 있는 경제적 차원의 문제입니다. 국내 정치 정서만 가지고 멋대로 하면 안 되는 엄청난 사안인 거죠. 2050 기후협약을 달성해야 한다는 당위가 있는데 그걸 위해서 프로세스를 고민해도 시간이 부족한데 탈원전이냐 아니냐 하는 전혀 엉뚱한 정쟁으로 끌고 들어가 버렸어요.

아, 이건 농담반 진담반인데, 강제적 탈원전을 할 수 있는

* 온실가스 배출은 성격과 범위에 따라서 Scope1(직접배출), Scope2(간접배출), Scope3(기타 간접배출)로 구분한다. Scope1은 기업이 제품을 생산할 때 직접 사용하는 연료에서 배출되는 온실가스 배출을 의미한다. Scope2는 기업이 제품을 생산하는 과정에서 제공받은 부품이나 원료를 생산하는 데 배출되는 온실가스를 뜻한다. Scope3은 제품 생산과 관련되어 기타 간접적인 온실가스 배출 모두를 포함한다.

가장 손쉬운 방책이 있습니다. 바로 핵무장이에요. 윤석열 대통령이 핵무장을 한다고 했으니 핵개발을 하면 확실하게 탈원전은 가능해질 겁니다. 지금 우리나라에 25개의 원선이 있는데 그 중 19개를 돌려야 한다, 혹은 21개를 돌려야 한다고 논쟁하고 있거든요. 그런데 우리나라는 우라늄을 100% 외국에서 수입한단 말이에요. 만약 핵무장을 한다고 하면 우라늄을 수입할 수가 없으니 그중 1개도 못 돌리는 거죠. 그러니까 앞뒤가 안 맞는 정책을 얘기하는 겁니다. 우리나라가 이제 혼자 사는 나라가 아닌데 너무 대충 얘기하는 거죠.

사회자 저희가 경제 문제에서 이야기한 건데, 신재생에너지나 태양광 등을 문재인 정부, 운동권 이런 프레임에 씌운 후 지금 대책 없이 축소하고 있잖습니까. 이런 부분에서 기술을 개발하고 축적해야 윤 정부 이후의 미래 경제에도 대비할 수 있을 텐데요. 정말 미래가 걱정됩니다.

최종건 말로는 글로벌 스탠다드에 맞춰야 한다면서 세련되지 않은 거죠. 가령 지금 UAE와 사우디아라비아, 카타르 같은 나라들의 고민이 뭘까요? 다른 나라들이 이제 석유를 안 쓴다는데 어떡하지, 우리 어떻게 먹고 살지 염려하면서 각각 2030년, 2040년 비전을 만들고 있어요.

그런데 그 나라들 입장에서 보면 한국은 건설도 해봤지, 탈탄소 중립화도 고민해봤거든요. 그래서 에코 프렌들리(eco-friendly) 관련 기술을 많이 개발하고 있으면 그 나라들은 우리한테 올 수밖에 없습니다. 그러면 이런저런 수주를 그 나라들에서 할 수 있는 것인데, 국내에서 정쟁용으로 신재생에너지나 친환경 기술 등을 홀대해버리면 앞뒤가 안 맞는 거죠.

김성회 시대가 바뀌고 현실이 바뀌고 산업지형을 비롯해 우리 삶 전체가 바뀌었는데 정말 하나도 업데이트가 안 돼 있는 것 같습니다.

'독대'에 맛을 들인 '안티 시스템' 정부

사회자 말씀하신 내용이 정말로 심각한 게 윤석열 대통령이 스스로 자기 무지를 깨닫고 오류를 시정할 리 없잖아요. 그러니까 자신들이 한때 비판했던 팬덤정치처럼 여당 의원들 중 일부가 그 무지와 오류를 대놓고 옹호를 합니다. 그 '이란은 적' 발언에 대해서도 계속 편을 드는 걸 보고는 기함을 했어요. '말은 맞는 말 아니냐.'라는 식으로 편을 들더군요.

이광수 제가 하나 궁금한 게 있어요. 대통령이 하는 말은 모두 검증된 상태에서 준비해 올라가야 되는 거 아닌가요?

대통령 입장에서 어쩌면 국제법이란 건
안 지켜도 되는 거 아니냐고 마구잡이로 생각할 수도 있지만,
결과적으로는 우리 기업들과 우리 경제에 영향을 미치는 것이거든요.
그러니까 이건 정치와 진영의 문제가 아니라
미래 먹거리를 현재에 망치고 있는 경제적 차원의 문제입니다.

최종건 시금 정부는 각본 없는 드라마를 찍고 있습니다. (일동 웃음) 자꾸 아무 말 대잔치 비슷하게 하는데 왜 그럴까 싶어요. 어쨌든 써준 거만 잘 읽으면 되거든요. 각 부처에서 그리고 대통령실에서 대통령 앞에까지 문서가 가려면 여러 사람들이 보고 검토한 내용일 텐데….

김성회 메모에 쓰인 대로, 미리 정해진 대로 회의가 진행되지 않는다는 증거를 입증하는 사례가 있어요. 작년 7월에 부처별 업무보고를 할 때 여성가족부가 업무보고를 했어요. 2023년도 예산안을 어떻게 짜고 조직 운영을 어떻게 할지에 대해 보고를 하는데 대통령이 "됐고, 조속히 폐지 로드맵을 마련하세요."라고 그 자리에서 지시한 게 보도가 됐잖아요.

그런데 이게 굉장히 충격적인 장면인 겁니다. 왜냐하면 여가부는 그러한 대통령의 의중을 몰랐다는 뜻이거든요. 부처 업무보고 전에 여성가족부에 '어떻게 폐지할 건지 폐지안을 짜서 갖고 오라.'고 하는 게 정상적인 프로세스 아닙니까? 설사 독단적으로 결정을 했다고 하더라도, 최소한 대통령실에는 내용이 공유되어야 하고요. 대통령실에서 "내년 예산 잡을 거 없고 어떻게 폐지할 건지 '엑시트 플랜' 짜서 오세요."라고 했으면, 밤새워서라도 뭐라도 만들어서 보고를 했을 거 아닙니까? 그런데 지금 대통령실에는 이 정도 프로세스도 없는 거예요. 그러니까 와서 보고를 하는데 듣다 말고 '됐고, 폐지!'라는 말을 거기서 할 수 있는 거죠.

최종건 그러니까 부처의 여러 공무원들을 청와대에 앉혀놓고 하는 대통령 주재 회의는 결론이 나와 있어요. 제가 아까 한심해서 각본 없는 드라마를 찍고 있다고 했지만, 당연히 각본이 있어야 합니다. 그 행위 자체가 일종의 '서티파이'(certify), 공증하는 절차죠. 장관이 "대통령님, 저희 A로 하겠습니다." 하고 보고를 할 게 아닙니까? 그런데 이 절차는 이미 논의를 다 마치고, 사전 보고도 해놓고, 협의 과정까지 거친 결론을 마지막에 공증해주는 것이지, 여기저기서 막 치고받고 새로운 이야기로 돌아올 수는 없거든요. 그런데 이 정부가 집권하고 초기에는 부처 보고를 1대1로 받았습니다. 장관들만 앉혀놓고요. 이건 정말 아니지 않나요?

이게 왜 문제가 되냐 하면, 장관만 혼자 들었으니 장관이 대통령이 'A'라고 했는데 그거를 'B'라고 기억하고 나가서 부처에다가는 'B-'라고 얘기할 수 있는 거고요. 혹은 분명히 'A'라고 들었지만 장관이 대통령의 생각이나 지침을 정확하지 않게 전달할 가능성도 있습니다. 부처 보고는 여러 간부가 함께 들어가 대통령의 뜻을 정확히 파악하는 과정이에요. 여럿이 함께 참여해야 직접 의사소통하고 의문을 해소할 수 있거든요. 혼자 받는 부처 보고는 대단히 불안한 국정 행보인 거죠.

사회자 윤석열 정부 들어서 1대1이니 독대니 하는 얘기가 많이 들린 것 같습니다. 역시 '보스' 기질이 있는 걸까요. 업무를 잘 처리하는 방식과는 확실히 다른 거죠.

이광수 저는 기업에서 일하잖아요. 회사가 망하는 길로 접어드는 게 언제냐 하면, 회장과 독대한 사람들이 "회장님이 이렇게 한대."라고 각기 다른 목소리를 내기 시작할 때예요. 왜냐하면 확인할 도리가 없잖아요. 회장님에게 가서 물어볼 수도 없고….

"회장님이 이렇게 한대."라는 사람들이 점점 많아지면 상황 끝입니다. 다들 '나 회장이야(내가 회장이야!).'라면서 방향을 이리저리 트는 거거든요.

최종건 정권 문제를 다 떠나서 가장 반행정적인 용어가 저는 독대라고 생각합니다. "내가 대통령을 독대하고 나왔어. 근데 대통령이 이거래."라고 하기 시작하면 답이 없죠. 왜 행정부 수반 대통령의 지침을 그 사람 혼자 듣습니까? 안티 시스템(anti-system) 그 자체입니다. 절대 독대를 하면 안 돼요.

이광수 대통령의 저녁식사 자리에 초대받아서 갔다 왔다 이런 게 회자되잖아요. 그러면 나와서 대통령에게 이런 소리 들었다고 떠드는데 그게 진짜 맞는지 물어볼 수도 없고요.

최종건 저는 한남동 공간의 내부 구조를 잘 알고 있는 사람이지만, 어쨌든 대통령이 청와대에 있든 어디든 그렇게 사람 불러서 밥 먹을 수 있다고 봐요. 그럼 거기서 끝내야 합니다. 근데 그걸 가지고 다녀온 사람들이 자랑을 해요. 이 정부는 그걸 묵인하면서 막 시그널로 써 먹는 거예요.

김성회 잘 아시겠지만 대통령실에서 공개해도 된다고 할 때만 공개를 하죠. 아무리 관저에서 밥을 먹어도 대통령실에서 안 된다고 하는데 자기가 나와서 혼자 떠드는 건 불가능해요. 우리나라에서 권력자에 대해 그렇게 저항할 수 없기 때문에 사전에 내가 여기까지 얘기해도 되는지를 다 허락을 받고 나오는 얘기인 거예요. 그래서 지금 나오는 숱한 얘기들도 사실은 대통령실이 일부러 조장하는 측면이 있다고 봅니다.

최종건 그동안 볼 수 없던 장면들이 요새 많이 보이죠. 그래서 각본 없는 드라마고요. 저는 문재인 정부 사람들이 너무 선비인 척 하는 꼰대였나 그런 생각도 듭니다. 그런데 생각해보면 박근혜 대통령은 아예 식사를 함께 안 하셨네요. 사람들을 불러다 놓고 식사를 안 하셨어요. (일동 웃음)

지금 대통령에 대해서는 자가당착, 언행불일치, 정말 맞는 말입니다. 근본적으로는 준비되지 않은 대통령이란 건데요. 제 언어로 표현하자면 권력이란 무엇인가에 대한 사유가 부족하다, 철학이 없다, 성찰이 안 되어 있다는 생각이 들어요.

문재인 정부에서 5년간 일하고 나와서 돌이켜보니, 정권을 잡으면 첫째로 칭찬을 받으려고 하는 게 아니라 욕먹을 준비를 하고 있어야 한단 생각이 들거든요. 둘째로 대통령의 이런저런 주변에 있는 사람들은 각자 나름대로 기둥 하나 하고 욕먹을 바가지를 하나 들고 광주리 안에 들어가는 겁니다. 욕을 먹으면서 버티다가 자기 바가지가 욕으로 다 채워지면 광주리에서 빠져줘야 하죠. 그러면 새로운 사람이 오게 되고 그렇게 오

정권 문제를 다 떠나서 가장 반행정적인 용어가
저는 독대라고 생각합니다.
"내가 대통령을 독대하고 나왔어. 근데 대통령이 이거래."라고
하기 시작하면 답이 없죠.
왜 행정부 수반 대통령의 지침을 그 사람 혼자 듣습니까?
안티 시스템(anti-system) 그 자체입니다.

가야 한다는 생각이 들었어요.

대담에서 이런저런 이야기를 들으면서 인상 깊었던 건 비판을 받으면 법이라는 도구를 가지고 매우 편의적으로 법치주의를 실현한다는 건데, 이건 아주 큰일 날 일입니다. 1970년대 병영국가에서 이제는 모든 걸 법정에 세우는 법정국가화 해버리는 건데, 철학이 부족해서 그렇죠. 그냥 욕먹으면 될 일인데….

김성회 저는 준비가 안 돼 있는 대통령이라는 부분에서, 스티브 잡스의 일화를 하나 말씀드리고 싶습니다. 잡스가 iOS7을 개발하던 당시 일요일 오전에 구글 군도트라 부사장에게 전화를 해서, "당신 회사 구글(google)의 아이콘 두 번째 'o'의 노란색 컬러 코드가 맞는 건가요? 우리 디자인팀에게도 지시해놨으니 수정해도 되겠죠?"라고 물어봤다는 거예요. 굉장히 세밀한 부분까지 경영자가 다 챙겼다는 건데, 물론 스타일에 따라 다를 수도 있기는 하죠. 악마는 디테일에 있다고 하지 않습니까?

우리가 야구 볼 때 그러지 않습니까? '아니 그만 던지게 끌어내리고 투수를 바꿔야지!', '타자가 저기서 왜 저렇게 하나, 도루를 시켰어야지!' 마치 내가 다 감독을 할 수 있을 것처럼

비판을 받으면 법이라는 도구를 가지고
매우 편의적으로 법치주의를 실현한다는 건데,
이건 아주 큰일 날 일입니다. 1970년대 병영국가에서 이제는
모든 걸 법정에 세우는 법정국가화 해버리는 건데,
철학이 부족해서 그렇죠. 그냥 욕먹으면 될 일인데….

훈수를 두거든요. 항상 감독이 내 생각보다 못하잖아요. 하지만 사실은 알고 보면 감독은 그렇게 하지 못할 여러 가지 디테일이 그 안에 있는 겁니다. 어려움 속에서 결정을 하는 건데 보는 우리 입장에서는 저 감독이 멍청한 사람이라고 생각을 하죠.

그런데 대통령이 최근에 펼치는 대부분의 정책들을 보면 딱 이런 시청자 입장과 비슷해 보여요. 시청자 입장에서 '저거 저렇게 하면 되는데 왜 안 하지?'라고 평소에 생각했던 것들을 한 번 구현해보는 거예요. 그게 철학이라면 철학인 거죠. '노조? 그거 뭐 법대로 하면 되잖아. 때려잡으면 되지. 그렇게 해서 정신 한 번 차리게 하면 되지.', '북한? 저거 핵 있을 거야. 그럼 어떻게 해? 우리도 그냥 핵무장 하면 되지.', '원전? 아니 더 지으면 되잖아. 아니 그걸 왜 못 짓는 거야. 답답한 놈들이잖아.' 이렇게요.

최종건 그런데 그런 식이면 결과적으로 일이 될 건 하나도 없겠네요.

사회자 드론기가 한국에 날아오면, 정전협정 위반이든 말든 '드론기, 그거 우리도 북한에 보내면 되잖아!'라고 하는 것처럼 말이죠. 대통령이면 감독의 위치에서 감독의 고민을 해야 하는 건데, 일반 시청자의 훈수두기처럼 국정을 대한다는 게 좀 무섭습니다.

김성회 최근에 외국 나가서도, 심지어는 다보스포럼에 가서 원전 더 지을 거라고 대통령이 말했는데, 직후에 대통령실에서 '원전 더 지을 계획이 없다.'라고 발표를 하잖아요. 슬쩍 무마를 해버려요. '전기가 부족하다고? 원전 한두 개 더 지으면 되는 거 아냐?'라고 생각하지만, 막상 가보면 이게 고준위 방사능폐기물 최종 처분시설은 이디에 만들 것인지, 실제로는 그 땅을 선정하는 문제부터 엄청나게 복잡한 디테일들이 있어요. 윤석열 대통령의 가장 큰 문제는 그걸 고려하지 않고 평소에 본인이 30년 동안 봐왔던 정치의 답답함에 대해서 본인 방식으로 무도하게 풀어가고 있는 것이 아닌가, 저는 그런 느낌을 많이 받습니다.

이광수 무도하다, 그 표현이 가슴에 와 닿네요.

사회자 정말 원전을 짓고 싶으면 디테일이 있어야죠. 뭐, 스티브 잡스만큼의 디테일을 요구하지는 않지만요. (일동 웃음) 그런데 그 디테일이 없으니까 결국 원전은 못 지을 확률이 높다는 게 그나마 위안이 되려나요.

대통령이 최근에 펼치는 대부분의 정책들을 보면
딱 이런 시청자 입장과 비슷해 보여요.
시청자 입장에서 '저거 저렇게 하면 되는데 왜 안하지?'라고
평소에 생각했던 것들을 한 번 구현해보는 거예요.
그게 철학이라면 철학인 거죠.

정치의 실종: 중도층이 사라졌다

최종건 이번 대담의 주제마다 계속 이야기 나오는 게 법치, 법치, 법치거든요. 아까 화물연대 문제도 그렇지만, 저는 사면·복권 이야기를 보고도 놀랐습니다. 갑자기 튀어나왔거든요. 사면·복권 잔치를 하면서 거기다 김경수를 딱 끼워놓은 거예요. 이거는 정말 너무하지 않나요? 경제 회복을 이유로 내걸었는데, 지금 사면·복권에 포함된 경제계 인사들은 경제 회복을 위해서는 차라리 없는 게 나은 사람들이에요. 경제를 해쳤다는 이유로 사법적 처리를 받았던 거잖아요. 그런 의미에서 이 정부가 말하는 자유는 오로지 자신만을 위한 자유인 것 같습니다.

김성회 대통령이나 국민의힘이나 사회 다양한 분야에서 민주당이 정부를 방해하고 있다고 얘기들을 하잖아요. 그렇다면 시행령을 고쳐서라도 경제를 발전시킬 방향을 찾았다면 모르겠어요. 그러면 얘기를 해볼 소지가 있는데, 지난 6개월 동안 민주당의 반대를 무릅쓰고 시행령을 고친 건 경찰국을 신설한 게 하나고요. (일동 웃음) 그다음에 검찰의 수사 범위를 확대하는 것이 다른 하나예요. (일동 웃음) 시행령을 바꿔서 한 게 이거 두 개밖에 없어 보일 지경이에요.

국정원의 법이 바뀌어서 대공 수사권을 경찰로 넘기도록 되어 있는데, 여기에 아랑곳하지 않고 다시 국정원에게 대공 수사권을 돌려줘야 한다는 얘기를 대통령까지 공공연하게 하는 상황이 됐어요. 기본적으로 입법·행정·사법이 분리가 되어 있는 건 국가권력의 작용을 셋으로 나누어 서로 견제·균형을 유지시킴으로서 국가권력의 집중과 남용을 방지하려는 것이죠. 지금

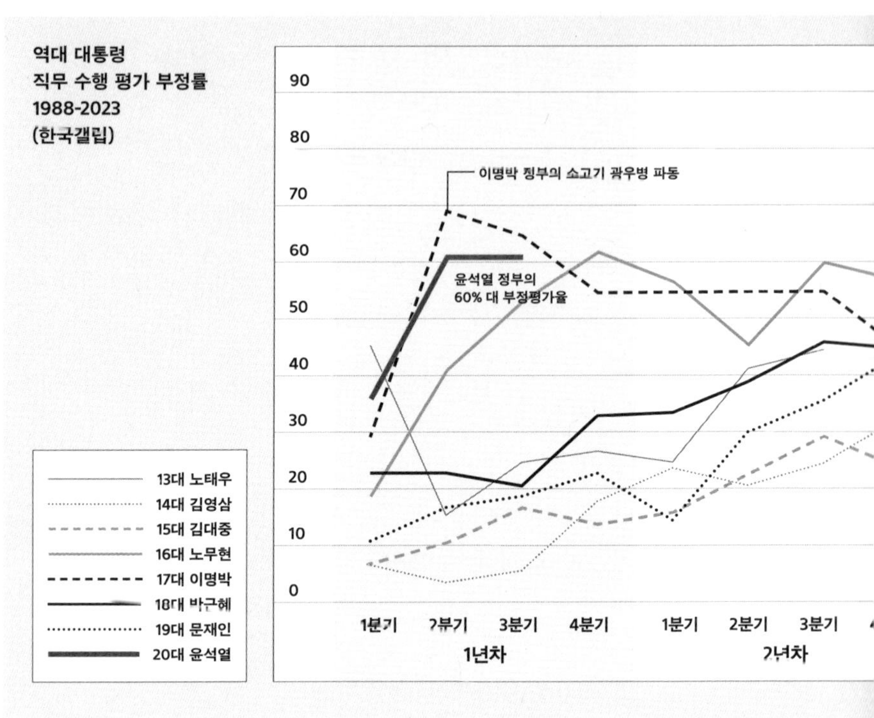

은 행정부가 '비록 입법부가 법은 바꿨지만 우리는 우리 뜻대로 할 거야.'라고 말을 하는 굉장히 비정상적인 상황에 와 있습니다.

사회자 비관적인 얘기들뿐이네요. 여러 선생님들이 다 이야기하셨던 내용인데, 결국 이 난국을 풀어갈 것은 정치일 것 같습니다. 정치의 회복이 가능할까요?

김성회 그래프를 하나 첨부했는데 이건 부정평가율만 비교한 겁니다. 짧게 결론을 내리면 지금 윤석열 대통령이 40% 넘는

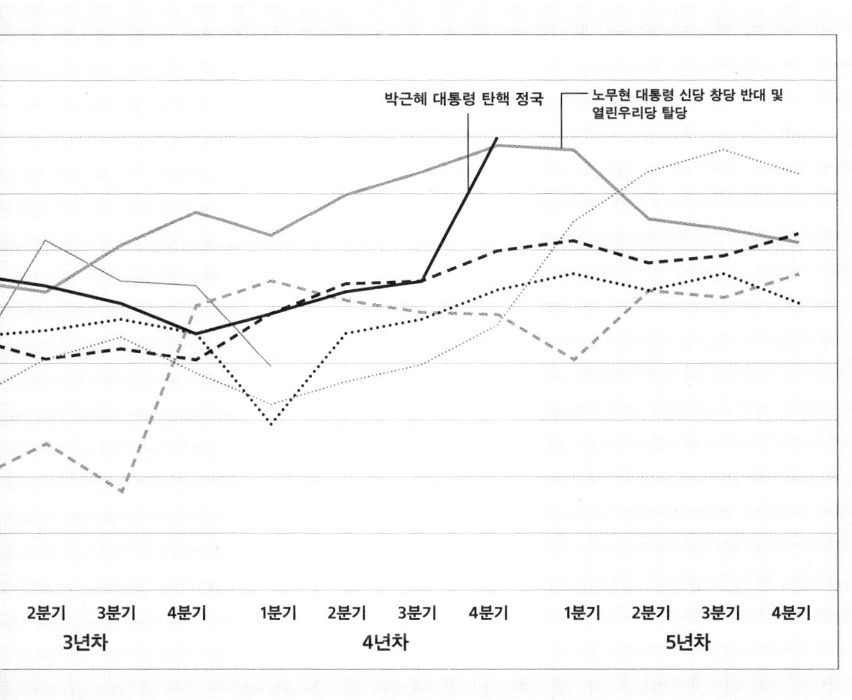

긍정평가율이 나왔다고 좋아하고 있지만, 저는 하나도 좋아할 상황이 아니라고 봅니다. 박근혜 대통령의 경우 집권 4년차 4분기에 부정평가율이 치솟아 올라가는 부분에서 탄핵이 시작됐어요. 그 전 3분기에는 55%였어요. 결국 55%의 국민들이 부정적으로 평가한다는 게 얼마나 위험한 일인지 현 정부가 못 느끼는 거예요.

윤석열 정부는 굉장히 짧은 시간 안에 부정평가율이 과반을 넘었어요. 여기 2분기, 3분기 부정평가율이 전부 60%대에가 있거든요. 이보다 부정평가율이 높았던 정권은 이명박 정부가 유일했죠. 그래도 이명박 정부는 소고기 파동 후에 청와대를 전면 쇄신합니다. 사과도 하고 여러 가지 대책을 세워서 부정 평가를 40% 이하로 떨어뜨렸어요. 그렇게 해서 중간에 안정적인 운영을 할 수 있는 계기를 만들었습니다. 윤석열 정부는 그것도 안 하고 있는 상황이에요.

저는 지난번 대선에서 이재명 후보가 0.7% 차이로 신승을 했다고 해도 지금의 상황이 크게 다르지 않았을 거라고 봐요. 현재 여론의 지형, 정치의 지형으로 봤을 때, 이재명 대표를 싫어하는 사람들이 이재명 대통령을 엄청나게 욕했을 겁니다.

윤석열 정부의 문제는, 윤석열 자체만의 문제라고 하기는 어렵지만, 어찌되었든 현재 정치적 구도 하에서는 50%가 넘는 부정평가율을 어떻게 할 수가 없는 것 같습니다. 정치인이 부정평가를 한 사람들에게 가서 구애를 해서 사람들을 뺏어올 엄두를 못 내는 거죠. 그러니 고개가 자꾸 돌아가서 원래 지지자 그룹만 쳐다보고 있는 겁니다. 심지어 대통령실에서는 극우 유튜버들의 유튜브 링크가 돌아다닌다는 거 아닙니까. 대통령실 안에서 직원들끼리 극우 유튜버들의 영상을 "정세 분석 잘했다." 고 하면서 서로 돌려보고 있다는 거예요.

지금 이 정도로 대통령과 대통령실의 관심이 우파 여론에 집중해서 몰려 있는 상태예요. 민주당도 마찬가지로 같은 진영의 사람들을 바라보고 있는 것이 현실이죠. 문제는 정작 모든 선거에서 캐스팅보트 역할을 하는 중도층들을 보는 사람이 없다는 거예요. 이들이 관심을 갈구하고 있는데 어느 진영에서도 이들을 설득할 생각이 없어요. '너는 우리 찍을지 안 찍을지 정확히 모르겠어.'라면서 소외시키고 있는 거죠. 그게 제일 큰 문제라고 봅니다.

이광수 중도층을 배제하고 각자 자신의 진영에 들어가서 격렬하게 싸우는 것에 대해 경제적인 관점에서 살펴보면, 약간 불가피한 부분도 있다는 생각이 들어요. 왜냐하면 우리 사회가 이제는 저성장 사회로 가고 있어요. 그러면 사람들이 이권을 다투면서 더 싸우게 되죠. 같이 성장하는 국가에서는 그렇게까지 싸울 필요가 없어요. 계속 파이가 커지니까 논제로섬 게임(non-zero-sum game)이 되거든요. 서로 협력해도 상호 이득을 얻을 수 있다는 뜻이죠. 그런데 저성장으로 파이가 커지지 않고 정체되면 제로섬 게임(zero-sum game)이 됩니다. 한쪽이 얻으면 다른 한쪽은 손해를 본다고 생각하게 돼요. 그래서 서로 다투고 시기하게 되고 싸움이 격렬해지는 거죠.

물론 뭐가 원인이고 뭐가 결과인지는 다소 애매한 부분이 있을 거예요. 그러나 우리나라가 경제적으로 그런 흐름을 타고 있다는 건 맞습니다. 지금 대한민국에서 아이들이 가장 선망하는 직업이 의사와 변호사라고 하잖아요. 이 두 직업의 공통점이 있어요. 아픈 걸 고치고, 잘못된 걸 바로잡는 일인데, 둘 다 앞으로 나가는 일은 아니지 않습니까? 새로운 걸 만들어내고 진보하는 게 아니라 과거의 잘못으로 발생한 병을 고쳐주거나 잘

지금 대한민국에서 아이들이 가장 선망하는 직업이
의사와 변호사입니다. 두 직업의 공통점이
둘 다 앞으로 나가는 일이 아닙니다.
새로운 걸 만들어내고 진보하는 게 아니라
과거의 잘못으로 발생한 병을 고쳐주거나 잘잘못을 가려주거나
이런 직업들이죠.

잘못을 가려주거나 이런 직업들이죠. 이제 한국 사회가 진일보하지 못하고 이미 성취한 걸 두고 서로 다투게 된 그런 시대적 흐름을 반영한 게 아닌가 하는 생각이 듭니다.

사회자 위원님의 이야기를 들으니 지금의 이 격렬한 대립이 또 다르게 보여지네요. 앞서 김 소장님이 첨부해주신 부정평가율 그래프도 흥미롭습니다. 임기 초에 윤석열 정부 긍정평가율, 지지율이 20%대 초반이다가 지금 한 30%대, 그리고 40%까지도 나오니까 많이 오른 것 같아 보이는데, 부정평가율만 보면 60%가 계속 유지되고 있네요.

김성회 물론 분기별이기 때문에 다음 분기를 봐야 되겠습니다만, 부정평가율이 심각하게 높은 상태라는 건 대통령실도 알고 있습니다. 이 때문에 사실은 내부에 집중을 해야 된다고 생각하고, 김기현을 당 대표로 만드는 공작을 하고 있다고 봐요.

일단 내 진영이 튼튼해야, 공격을 하든 뭐라도 할 수 있다고 생각하니까요. 자기 진영에만 몰두를 하니, 중도층에 대한 관심이 상대적으로 약해지면서 양당이 서로 더 사이가 벌어지고 있습니다. 제가 보기에는 엄청나게 넓은 블루오션이 중간에 있는데요. 전부 다 레드오션에서 활동하고 있는 게 현 정치의 문제라고 보고요. 저는 정치 양극화의 불만들이 어느 정도 축적이 되면 중도층이 어떤 식으로든 정치 세력화가 될 것이라고 봅니다.

그때는 양극단의 정치를 하는 사람들이 결국 외면받게 될 거에요. 당장 내일은 아니더라도 결국 겪게 될 상황이 올 겁니다. 그 전에 정치권이 중도층을 어떻게 찾아올 건지 고민하거나 원래 하던 중도층 쟁탈전을 해야 한다고 생각합니다.

이광수 저는 대한민국의 일상이 선거에 종속된 게 문제인 거 같습니다. 어떻게 선거를 탈피할 건가, 그런 생각을 해봅니다. 차라리 대선, 총선, 지방선거를 한 번에 하면 어떨까, 생각해요. 4년에 한 번, 혹은 5년에 한 번만 하고 끝내는 거죠.

최종건 그건 유권자 입장에서는 남는 장사가 아니죠. 유권자 입장에선 본인 표의 값어치가 너무 싸지는 거예요. 정치인, 정치세력이 우릴 한 번만 잘 속여서 몇 년을 해먹으려고 한다고 생각할 겁니다.

트럼프와 윤석열은 닮은 꼴?
민주주의의 후퇴를 걱정하다

사회자 앞에서 나온 얘기들을 종합해보면 이제 국민들은 '반문'을 내걸고 공정과 상식의 회복을 주장한 윤석열 대통령에게 할 말이 있을 것 같습니다. 이게 무슨 공정과 상식이냐는 질문을 던질 때인 거죠. '윤석열은 다를 줄 알았는데, 뽑아놓고 보니 문재인 정부 초반에 적폐청산 외치던 검찰 시절과 하나도 바뀐 게 없네.'라고요. 그런 실망감으로 지지율이 떨어지고 있는 게 아닌가 생각이 듭니다.

김성회 윤석열 대통령과 이 정부가 정말 두려운 건 이제 지지율 하락에도 그다지 연연하지 않을 거라는 점입니다. 물론 국민의힘 당 차원에서는 내년 총선을 계기로 분위기가 달라질 수는 있겠지만요.

지지율 하락 문제에 관해서 윤 대통령 본인의 인식이 잘 드러난 일이 있습니다. 작년에 나온 〈동아일보〉 기사인데요, 윤석열 대통령이 "원인을 잘 알면 어느 정부나 잘 해결하겠죠. 이게 쉽지 않다."라고 말을 하면서, 중간에 무슨 말을 했는지 봐야 합니다. 정확히 인용을 하면 "나는 지지율이 0%여도 좋다."고 해요. 북한 어민 강제 북송 사건, 탈원전, 공무원 증원, 퍼주기로 인한 국가 부채 등을 언급하면서, "이를 바로잡으려면 반대 세력의 반발이 있겠지만 그대로 놔두고 갈 수는 없다. 바로잡아야 한다."는 취지의 말을 했습니다. "이를 바로잡는 건 꼭 누구를 징계하는 차원이 아니라 비정상을 정상화시키는 일이다. 그러다 보면 인기도 지지율도 떨어질 수도 있지만 대통령이 간과해서는 안 되는 것이다."라고 했단 말입니다.

최종건 정말로 그렇게 명확한 문장으로 얘기했습니까? 그렇게? (일동 웃음)

김성희 매우 잘 지적해주셨는데요. 기사에서 해당 부분의 주어

윤석열 대통령과 이 정부가 정말 두려운 건
이제 지지율 하락에도 그다지 연연하지 않을 거라는 점입니다.
물론 국민의힘 당 차원에서는 내년 총선을 계기로
분위기가 달라질 수는 있겠지만요.

가, '복수의 참석자에 따르면'입니다. (일동 웃음)

이광수 저는 걱정되는 게 있어요. 앞에서 김성회 소장님이 지금 대통령의 시선이 감독이 아니라 관객/시청자로서 보는 시선이라는 말씀을 하셨잖아요. 그런데 사실 국민, 그러니까 유권자들도 관객/시청자잖아요. 어떻게 보면 우리는 레스토랑 리뷰어와 비슷하거든요. 그래서 유권자들이 이 정부의 행태에서 동질감을 느낄까봐 저는 굉장히 두려워요. 그러니까 '감독인데 저렇게 분석하고 판단하면 안 되지.'라고 비판해야 하는데, '와, 나도 저렇게 생각했는데 나랑 똑같이 생각하네.'가 될까봐 두려운 거죠.

제가 생각하기엔 대선도 그래서 이긴 거고요. '나도 그렇게 생각해.'라고 생각하는 사람들 때문에요. 최근에도 화물연대 노동자들을 그렇게 막 대하니까 오히려 지지율이 올랐습니다. 이런 식으로 '저렇게 해버리면 되는데 왜 그동안 그렇게 안 했지?'라고 생각하는 사람들이 결집하고 늘어날까봐 그게 두렵습니다. 마치 그게 옳은 것처럼 생각하는 세태가요. 그런 점에서 저는 윤석열 대통령이 트럼프하고 약간 비슷한 거 같아요.

김성회 그런 방식을 트럼프가 시범을 보여서 성공했죠. 멕시코와의 국경에 담을 쌓자고 했고, 정말 담을 쌓을 줄은 몰랐는데 진짜 쌓아버렸잖아요. 사람들 마음 깊은 곳에서 하고 싶었지만 못했던 말이나 행동을 대신 해주는 걸 보면서 지지가 올라가는 건 맞는 것 같습니다.

최종건 하지만 그에 대한 반대도 못지않게 커졌고, 그게 정말 미국을 위하는 길인가에 대한 고민이 지난번 미 대선 결과로 나타난 거라고 생각합니다.

이광수 저는 그게 시민의식이고 성숙도라고 생각하는데, 대한민국은 그렇게 될까, 국민들이 그런 성숙도가 될까 걱정입니다. 부동산 가격이 빠지니까 이제는 혹시나 정부가 정책으로 받쳐주고 올려주겠다고 하는 쪽에 표를 던지지 않을까, 앞으로도 그런 게 걱정스러워요.

김성회 이건 사실 절대 있어서는 안 되는 일인데, 언론이나 지식인들이 이 정부에 대해서는 '그냥 그러나보다.' 하면서 비판과 분석을 방기하고 있잖아요. 내용적으로 사실 문제가 크다는 점을 알고 있으면서도 말이죠.

작년 8월부터 10월까지 세무조사해서 MBC가 여의도 땅 판 것에 대해서 세금 부과를 더 했는데요. 그때도 이미 보도가 됐습니다만 MBC가 그 이전에 세금 매길 때 국세청이랑 상의해서 세금을 낸 거거든요. 그런데 그걸 지금 다시 조사해서 탈세로 잡아들일 수 있는 상태도 문제고요. 그다음에 인수위가 들어서서 MBC, KBS, EBS, 종편4사 경영진을 다 만났어요. 제

저는 유권자들이 이 정부의 행태에서 동질감을 느낄까봐 굉장히 두려워요. 그러니까 '감독인데 저렇게 분석하고 판단하면 안 되지.'라고 비판해야 하는데, '와, 나도 저렇게 생각했는데 나랑 똑같이 생각하네.'가 될까봐 두려운 거죠.

가 알기로는 전두환 이후로는 인수위에서 각 방송국의 경영진을 만난 건 처음 있는 일입니다. 그간은 인수위에서 그렇게 만나진 않았다고 하죠. 그런데 이런 일들이 유야무야 넘어갑니다. 저 대통령이라면 그럴 수 있지, 라고 생각을 하는 것 같아요.

그 와중에 기존에 기세 등등하던 권력 기관들은 민주화 과정에서 권력이 축소됐다가 이번을 기회로 다시 세를 확장할 수 있다고 생각하니까 적극적으로 협조할 테고요. 이래저래 민주주의의 위기입니다.

사회자 민주화 이후 아직 반세기도 지나지 않았는데 민주주의의 위기라는 말이 자주 사용되었습니다. 이명박 대통령 때도 또 박근혜 대통령 때도 그랬죠. 그런데 정말 이번이 가장 심각하다는 생각이 듭니다. 사람들의 반응도 걱정스럽고요. 많은 사람들이 화낼 기회만 기다리고 있는 것 같고, 혐오를 갈망하는 것처럼 여겨질 때가 많습니다.

김성회 마지막 다룬 문제와 관련해 좀더 이야기를 하자면, 손에 모바일 폰이 있는 환경, 네이버로 대표되는 포탈에서 뉴스 소비를 하루 종일 하는 상황, 소셜네트워크의 발전 등이 진영 간의 대립을 격화시키는 역할을 한다고 생각합니다.

예를 들어, 어렸을 때는 야구경기 문자 중계 서비스만 봐도 신나고 즐거웠습니다. 그런데 이제는 생방송으로 보여줘도 예전처럼 야구경기 중계가 인기가 없어요. 여러 가지 이유가 있겠지만, 저는 분 단위로 생산되는 뉴스가 상당한 영향을 미친다고 봐요. 스포츠를 보면서 충족되었던 경쟁 욕구가 뉴스만 봐도 해소되는 거죠.

언론에서 이 사람은 이렇게, 저 사람은 저렇게 말했는데, 당신은 어떻게 생각하세요, 이러면서 왔다 갔다 하면 하루가 지나갑니다. 대통령이 도어스테핑 나와서 한마디 하거나, 다른 권력자가 나와서 한마디 하면, 거기에 대해서 각 당의 반응만 내보내도 뉴스가 돼요. 아침 뉴스, 점심 뉴스, 저녁 뉴스, 다 다릅니다. 하루에 3시간 정도만 뉴스를 봐도, 스포츠에 쏟을 여력이 없는 겁니다.

지금 한국처럼 모든 의제가 정치로 모여드는 건 좋지 않다고 봐요. 저도 정치평론을 하는 입장이고 아침에 5시에 일어나서, 여섯 종의 신문을 읽고 하루를 시작하지만, 낮에는 포털에 들어가지 않습니다. 꼭 대응해야 할 뉴스가 생기면 찾아보기는 해도, 오늘 무슨 뉴스가 나왔는지 다시 들여다보지는 않습니다. 에너지 낭비라고 생각하기 때문이에요.

아무튼 이런 전반적인 것에 대해서 우리가 고민하지 않으면 안 된다는 생각이 듭니다. 정치 본연의 문제도 있지만, 모바일 기술이나 소셜 네트워크 등이 미치는 영향들을 종합적으로 고려해서, 이제는 대책을 만들 때라고 생각합니다. 그런 문제까지 포함해서 정치권 혹은 다른 쪽에서라도 풍성한 의견들을 만

지금 한국처럼 모든 의제가 정치로 모여드는 건 좋지 않다고 봐요.
저는 아침에 5시에 일어나서, 여섯 종의 신문을 읽고
하루를 시작하지만, 낮에는 포털에 들어가지 않습니다.
꼭 대응해야 할 뉴스가 생기면 찾아보기는 해도,
오늘 무슨 뉴스가 나왔는지 다시 들여다보지는 않습니다.
에너지 낭비라고 생각하기 때문이에요.

들어냈으면 좋겠습니다.

사회자 이제 정리할 때가 왔네요. 짧은 시간 동안 정말 여러 문제가 논의됐습니다. 비록 뚜렷한 답이나 대안으로 결론지어지진 않았습니다만, 생각해보면 정치에서 과연 그런 것이 가능할까 싶기도 합니다. 변화하는 상황, 국민여론 흐름을 보면서 우리가 생각하는 바람직한 방향으로 가기 위해선 어떻게 해야 할지를 매순간 모색해야 할 텐데요. 대담에 참여해주신 세 분은 현 정부 임기 동안 더 큰 역할을 해주셔야 할 분들이라 생각합니다. 방향을 제시해 주시거나, 그게 아니라도 우리가 어디쯤 서 있는지 등대처럼 불을 밝혀주셔야 할 분들입니다. 수고 많이 하셨고, 덕분에 많이 배웠습니다. 세 분 모두 역량을 떨치게 되시길 바랍니다.

나가는 글

이 모든 것이 기우이길: 걱정 많은 사람들의 마지막 희망

사회자 긴 여정의 마무리를 짓는 순간입니다. 《아무도 행복하지 않은 나라》 책에 어떤 마음으로 참여하셨는지, 그리고 여러 차례 대담에 참여하면서 느꼈던 점을 들어보고자 합니다. 그리고 이 책을 읽는 독자들에게 전하고 싶은 이야기도 한 말씀 부탁드리겠습니다.

김성회 저는 보수 전체를 싸잡을 생각은 없으나 이번 정부의 집권은 '그냥 이렇게 하면 되잖아. 민주노총은 때려잡으면 되고, 김정은은 버르장머리 고치면 되고, 미국에게 딱 붙으면 되고', 이런 식으로 간명하게 현상을 정리할 수 있다고 생각했던 보수 일각의 반지성주의 도그마를 한 번 실천해보는 기간이라는 생각이 듭니다. 예전에는 보수정부도 관료나 참모들의 조언을 수용하면서, 실제로 저런 걸 하고 싶더라도 일종의 금도는 지켰거든요. 그동안 안/못 했던 것들을 이번에 다 해보고 있는 건데, 이 과정을 거치고 나면 적어도 저런 주장은 더 이상 어려워질 수 있겠다는 생각이 듭니다. 그런데 '그러기 전에 나라가 망하면 어떡하지.'라는 걱정이 들기 시작했어요. 정권 초만 해도 설마 나라가 망하기까지 하겠냐고 생각했는데 요즘은 실제로 걱정이 되기 시작했습니다.

최종건 우리가 처음 만난 게 따져보니 1월 28일이더군요. 두 달이 지나고 그새 학교에는 개나리와 진달래, 벚꽃이 피었습니다. 저는 이 대담을 처음 제안 받았을 때는 솔직히 말해 썩 내키지 않았습니다. 그냥 말하기도 싫고, 말하면 또 실수할까 싶기도 했고요. 그런데 제게도 나름대로 회복의 시간이 필요하단 생각이 들더군요. 5년 동안 학교를 떠나 있다가 다시 돌아오니 뭔가를 좀 풀어내고 덜어내야겠다는 생각이 들었습니다. 유튜브 방송에는 자주 출연했지만, 유튜브는 대화보다는 배설이잖아요. 반면에 생각과 발언을 활자로 기록으로 남긴다는 건 굉장히 의미 있는 작업이라는 생각이 들었습니다.

저는 한 시대의 역사란 것이 꼭 있었던 일만 기록하는 게 아니라 이뤄지지 않았더라도 그 시대의 바람이나 꿈, 비판을 기록하는 것도 필요하다고 늘 주장해왔습니다. 논문을 쓰거나 이전 시대를 연구할 때 대담록을 많이 보거든요. 한 사람이 쓴 글은 MSG나 마사지가 들어가 있을 수 있는데, 우리가 했던 것처럼 여러 분야 사람들이 대화를 나누었던 기록은 확실히 날 것처럼 보이더라고요. 그래서 우리 대담도 재활용도가 높을 것이고, 원자재를 생산하는 것처럼 매우 중요한 일이란 생각이 들었습니다.

여기 있는 분들은 이미 다 성공하신 분들이지만 더 성공하실 수 있는 분들이고, 이렇게 남긴 기록은 후대에도 중요할 것 같아요. 제 생각에 디지털은 영원하지 않을 것 같거든요. 옛날에 썼던 이메일은 프리챌이나 유니텔 같은 플랫폼이 사라지면 날아가 버리고 못 찾습니다. 그러나 그 시대의 책들은 여전히 남아 있죠. 제가 대학에서 동아리 활동할 때 함께 만들었던 책도 아직 갖고 있습니다.

요즘은 모든 걸 데이터화하니 데이터가 너무 많지만, 데이터가 많다고 해서 우리가 똑똑해지는 건 아니거든요. 저도 유튜브를 보긴 하지만 유튜브 콘텐츠는 그때그때 뉴스 사이클이나 트렌드에 맞춰서 변하기도 하고요. 지금 어려운 시기인데, 이 시대를 살고 있는 우리가 각자의 입장에서 이 세상을 지켜보았던 이 시각을 언젠가 사라지는 디지털 콘텐츠가 아닌 영구적인 책으로 남기는 작업은 매우 의미가 있다고 생각합니다.

김성회 최 교수님 말씀에 동의합니다. 우리는 데이터 저장매체로 테이프를 쓰다가, 플로피 디스크를 쓰다가, CD를 쓰다가, 결국 그것들이 사라지는 것을 경험한 세대죠. 데이터를 저장하는 경로가 지난 수십 년 사이에 너무 자주 변했어요. 나중에 디지털 기록이 물리적으로 남는다 해도 불러들일 장치가 없어서 무용지물이 될 수도 있습니다. 그러면 오히려 책만 살아남겠죠. 유튜브는 생산 단가가 낮으니까 정보의 양이 많은데 그냥 많기만 하거든요. 그 정보 중 살아남아서 책으로 만들어지는 콘텐츠의 집약도는 무시할 게 못 된다고 봅니다. 여전히 지식을 나누는 데엔 책이 가장 유효한 수단이라 생각합니다.

계속 방송에 출연하다 보면 다양한 분야에 계신 분들과 자주 토론을 하게 됩니다. 하지만 서로 얘기하는 시간이 한정적이기 때문에 해당 이슈에 대해서 각자 입장을 번갈아서 들어볼 뿐 제대로 된 토론을 하기는 쉽지 않아요. 더구나 요즘은 외교 문제도 심각하고, 경제문제는 경제 쪽 사람들이 정치 쪽과 얽혀서 뭘 하는 걸 싫어하니까 제대로 이야기를 들어볼 기회가 없었거든요. 그래서 여기 계신 분들, 최종건 교수님처럼 직접 외교 현장에서 일하신 분, 이광수 위원님처럼 실물경제를 들여다보면서 조언하시는 분들과 얘기를 하는 건 의미가 있을 거라고 생각했습니다.

제게는 좋은 배움의 시간이 되겠다고 생각하고 시작해서 한두 달 동안 이렇게 대담을 해왔습니다. 대담 자체도 재미있었지만 그걸 글로 정리한 내용을 다시 한 번 돌아보면서 많이 배우기도 하고 차이를 느끼기도 하고 여러 과정이 있었는데요. 이번 한일정상회담을 지켜보면서 '생각보다 우리 편이 많겠다.'라는 생각이 들었습니다. 최소한 상식선에서 이 나라가 어디로 가는지 걱정하는 사람들은 모두 같은 편이란 생각이 들었습니다. 윤석열 대통령과 이번 국민의힘 지도부 구성이 아무 문제가 없다는 아주 일부의 사람들과 검찰 인사들은 우리와 다른 편에 서 있는 거 같아요. 그래서 대화를 나누면서 실제로 배운 부분이 많았습니다. 그런 느낌이 독자 여러분에게도 잘 전달됐으면 좋겠네요.

이광수 발전은 항상 다름에서 온다고 생각합니다. 다름을 인정하고 다름을 경청하고 다름에서 배워야 발전할 수 있죠. 개인이나 사회나 마찬가지라고 봅니다. 최종건 교수님 그리고 김성회 소장님은 저와 다른 분야에 계신 분들이어서 같이 토론하면서 정말 많은 것을 배울 수 있었습니다. 윤석열 대통령과 새로운 정부는 다름에 대해서 어떻게 생각할까요? 토론을 하면서 저는 대통령과 정부는 다름을 인정하지 않고 심지어 나쁘다고 생각한다는 느낌이 들었습니다. 그렇다면 우리나라는 발전이 없게 되겠죠. 너무 안타까운 일입니다.

정치와 경제는 서로 밀접하게 영향을 줍니다. 반면, 중요한 다른 점이 있습니다. 정치는 경제보다 오류를 수정할 기회가 많습니다. 그러나 경제는 한번 잘못된 길로 들어서면 쉽게 수정이 안 됩니다. 경제를 정치적으로 접근해서는 절대 안 되는 이유입니다. 경제에서는 여야도 보수도 진보도 아닌 실용이 가장 중요하다고 생각합니다. 이러한 점에서 개인적으로 최근 정치화되고 있는 경제상황이 가장 우려됩니다.

저는 애널리스트로 부동산과 주식 그리고 경제를 분석합니다. 경제와 투자분야를 다루면서 가장 경계하는 건 아집과 경직된 생각입니다. 경제는 개인적인 이념에 따라 움직이지 않습니다. 독자 여러분도 이념을 넘어 열린 생각으로 현재 한국에서 일어나는 일들이 어떻게 경제에 영향을 미치고 우리의 미래를 결정하게 될 것인지 고민해주셨으면 합니다. 그 출발이 저희가 나눈 토론이 되었으면 하는 바람입니다.

사회자 확실히 세 분의 전문 분야가 다르다 보니, 서로 다른 관점에서 바라본 이야기들이 섞이면서 새롭게 보이게 된 것들이 많았던 소중한 시간이었습니다. 덕분에 저도 많은 걸 배울 수 있었고요. 《아무도 행복하지 않은 나라》가 독자분들에게도 작은 만남과 배움, 또 경청과 토론의 계기가 되었기를 바랍니다. 모두 수고 많으셨습니다.

아무도 행복하지 않은 나라

윤석열 정부와 대한민국 1년

김성회·이광수·최종건 지음
한윤형 진행·정리

초판 1쇄 2023년 5월 10일

책임편집 진용주 배소라
디자인 이혜진
마케팅 최재희 신재철
인쇄 천광인쇄사

펴낸이 김현종
펴낸곳 (주)메디치미디어
경영지원 이도형 이민주 김도원
등록일 2008년 8월 20일
제300-2008-76호
주소 서울특별시 중구 중림로7길 4, 3층
전화 02-735-3308
팩스 02-735-3309
이메일 medici@medicimedia.co.kr
페이스북 facebook.com/medicimedia
인스타그램 @medicimedia
홈페이지 www.medicimedia.co.kr

ISBN 979-11-5706-287-4 (03300)